Khalil Gibran
artiste et visionnaire

Les enfants de demain sont ceux que la vie a interpellés, et ils l'ont suivie d'un pas ferme et la tête haute. Ils sont l'aube d'une nouvelle ère. Ni la fumée ne voilera leur lumière, ni le tintement des chaînes n'étouffera leur voix, ni les miasmes des eaux stagnantes ne souilleront leur bonté.

Khalil Gibran
Extrait de *Merveilles et Curiosités*

Khalil Gibran
artiste et visionnaire

Flammarion

Khalil Gibran
artiste et visionnaire

Exposition présentée
à l'Institut du monde arabe
du 26 octobre 1998
au 17 janvier 1999

L'exposition « Khalil Gibran, artiste et visionnaire » est conçue et réalisée par l'Institut du monde arabe.

Institut du monde arabe

Camille Cabana
Président de l'Institut du monde arabe

Mohamed Bennouna
Directeur général de l'Institut du monde arabe

Leila Hazaz-Letayf
Coordination générale

Commissariat général

Brahim Alaoui
Chef du département musée et expositions

Commissaire
Mona Khazindar

Conseiller scientifique
Issa Makhlouf

Comité d'organisation

Direction administrative
Bernard d'Aste

Bâtiment et sécurité
Alain Kronenberg

Communication
Philippe Cardinal
Directeur du département communication

Mériam Kettani
Attachée de presse

Documentation
Reema Bandar
Haifa Mansour

Secrétariat d'exposition
Arlette Bodin
Marie-Flore Nemecek

Régie d'exposition
Jallal Alami Al Idrissi
Pascal Baillet

Scénographie
Amédé Mulin
Architecte D.P.L.G.

Catalogue

Direction scientifique
Issa Makhlouf

Coordination
Mona Khazindar

Suivi éditorial
Béatrice Peyret-Vignals

Conception graphique
Hans-Jurg Hunziker
Ursula Held

Traductions
Dennis Collins (anglais)
Paul Henri (arabe)
Fayez Mallas (arabe)
François Zabbal (arabe)

© 1998,
Intitut du monde arabe

Publié avec le soutien
du Ministère de la Culture
et de la Communication

Département
des affaires
internationales

Remerciements

Nous exprimons notre gratitude aux prêteurs qui ont permis que cette exposition voie le jour.

Au Liban
Musée Gibran, Bécharré
Wahib Kayrouz

Aux États-Unis
Telfair Museum of Art, Savannah
Diane Lesko
Tania Sammons

En France
Musée du Petit Palais
Gilles Chazal

Collectionneurs privés
Mme Patti Cadby Birch
M. Michel Fani
M. Mohsen Yammine

L'Institut du monde arabe tient également à exprimer ses remerciements à celles et ceux qui ont apporté leur soutien et leur aide à la réalisation de ce projet.

Comité national libanais
M. Marwan Hamadé

Comité national Gibran
M. Fouad Hanna-Daher

Ministère de la Culture et de la Communication, Département des affaires internationales
M. Alain Lombard
M. Alain Derey

Sommaire

- 8   **Avant-propos**
  Fouad Hanna-Daher
- 9   **Préface**
  Mohamed Bennouna
- 11   **Sur les rivages du prophétique**
  Adonis
- 17   **Khalil Gibran, poète de l'écologie de la vie**
  Souhail Bouchroui
- 27   **L'expression poétique de l'imaginaire**
  Wahib Kayrouz
- 33   **Gibran : lumières sur un destin**
  Issa Makhlouf
- 49   **Un plan plus élevé : les vies de Khalil Gibran et de Mary Haskell**
  Tania Sammons
- 91   **L'art de Khalil Gibran**
  Christine Crafts Neal
- 145   **Textes de Gibran**
  Ô terre !
  La machine et l'esprit
  Les neuf malheurs
  Ô ma chambre
  Cantique de l'homme
  À Auguste Rodin
- 159   **Témoignages**
  Abdel Rahman El Bacha : Illumination
  Federico Mayor : Vision globale
  Naguib Mahfouz : Le beau et le mystique
  Lokenath Bhattacharya : Méditation et révolte
  Monah al-Solh : Rêve d'Orient
  Fouad Kanaan : L'autre texture
  André Velter : Dire le réel plus vaste
- 169   **Texte de Gibran**
  L'avenir de la langue arabe
- 183   Biographie
- 185   Bibliographie
- 191   Liste des principales œuvres picturales de Khalil Gibran conservées dans les musées

Avant-propos

Une étoile filante a illuminé notre ciel, sa course fut brève mais non ses retombées. Gibran Khalil Gibran est un morceau d'éternité qui nous rappelle avec brio, avec génie, les questions fondamentales qui ont traversé intactes les âges de l'humanité : d'où viens-je ? Où vais-je ? Qui suis-je ?
Il a abordé ces questions d'une manière simple en y donnant des réponses qui, au-delà des dogmes, font découvrir notre appartenance à la grande famille de l'humanité.
Gibran est né à Bécharré, au Liban, le 6 janvier 1883 à proximité de la forêt des cèdres millénaires et de la vallée sainte de Qannoubine. Il y puise sa force spirituelle avant d'émigrer à Boston et New York où il décède le 10 avril 1931.
Oscillant au carrefour de l'Orient et de l'Occident, n'appartenant ni entièrement à l'un ni entièrement à l'autre, il emprunte au ciel sa sagesse et ses cycles. Son œuvre, tant manuscrite que picturale, parle à tous et nous transporte dans ce lieu sacré qu'est le cœur de l'homme.
La simplicité des mots, la clarté des images qu'il découpe et rythme nous attirent inéluctablement au cœur de l'essentiel, au cœur de nous-mêmes.
Pas de doctrine, pas d'apostolat : juste vous, et la vie.
Pas de jugement ni de représailles divines : seulement le jugement que vous portez sur vous-même et vos actes.
Le message de Gibran est universel et concerne chacun de nous. C'est pourquoi, convaincu de son importance, et selon le vœu de cet être visionnaire, un Comité élu à Bécharré a pour mission la sauvegarde de ses travaux et la communication de son message.
Le musée Gibran abrite aujourd'hui un nombre considérable de ses toiles, dessins, aquarelles, manuscrits et effets personnels. La recherche et l'inventaire de son œuvre restent incomplets tant ce penseur, peintre et écrivain fut productif aussi bien aux États-Unis qu'en France et au Liban.
Le Comité national Gibran s'attelle à sa tâche et continue à répertorier, sauvegarder et diffuser ce legs qui ne peut appartenir à aucun groupe d'hommes en particulier mais à l'humanité qui sommeille au fond de chacun d'entre nous.

Fouad Hanna-Daher
Président du Comité national Gibran

Préface

Comment se préparer à rendre hommage à Gibran Khalil Gibran sans faire le pèlerinage de Bécharré, nous avait dit en substance Fouad Hanna-Daher, président d'un Comité national œuvrant à perpétuer la mémoire de l'artiste et de l'écrivain ? Et nous quittâmes Beyrouth vers le nord, par une journée de décembre d'une clarté lumineuse ; tout se dessinait nettement, les rivages et le bleu de la Méditerranée, le site de Byblos, la montagne majestueuse, à l'ouest, qui se dressera soudain devant nous comme un défi.

Je garde de l'ascension vers Bécharré, le long de la profonde vallée de la Qadisha, peuplée de formes mystérieuses qui dansaient dans la brume, une sensation d'un bonheur simple, premier ; la montagne nous enchantait comme si nous nous dépouillions de tous les décombres qui blessaient nos regards et notre horizon dans Beyrouth meurtrie. Chacun y allait de ses évocations et de ses comparaisons, de son pan de montagne qu'il conserve en son tréfonds, promesse de noblesse et d'élévation.

Le Liban est tout entier dans cette montée depuis la Méditerranée vers les cimes enneigées où des cèdres millénaires veillent et résistent encore à la folie des hommes. Nous avons abordé cette forêt de cèdres, sur les hauts de Bécharré, avec recueillement, essayant de retenir les ondes du temps lointain et de percevoir l'écho de la parole de Gibran : « J'ai trouvé l'âme cheminant sur mon sentier. Car l'âme chemine sur tous les sentiers. »

Les hauts de Bécharré. Les mêmes enfants courent entre les cèdres. Des rires fusent, sonores, spontanés, innocents, jusqu'à ce que la forêt les absorbe complètement et rétablisse la densité du lieu. Gibran, l'exilé, s'abreuvera longtemps des souvenirs de cette nature, tel un paradis perdu.

La petite place de Bécharré, puis l'église, puis un petit monastère à flanc de montagne enfoui dans la verdure. Une enfilade de pièces blanches où les œuvres sont éparpillées jusqu'à la grande salle en contrebas où il repose désormais... chez lui. Tout porte ici à la méditation, tout vous ramène à l'essentiel, à la substance des êtres et des choses, à cette quête que Gibran a menée toute sa vie, dans l'errance ; l'imaginaire résolu et la sensibilité en éveil perpétuel, la main tendue vers l'autre soi-même.

Mohamed Bennouna
Directeur général de l'Institut du monde arabe

Sur les rivages du prophétique
Adonis

I

Gibran*, véritable phénomène, ne cesse de poser problème. Il est un phénomène parce qu'il est l'un des grands conquérants de cet imprenable et si mystérieux continent qu'est la lecture. Ainsi, son ouvrage *Le Prophète* est l'un des livres les plus lus au monde, même parmi les livres des prophètes.

Il pose un problème, car sur le plan purement littéraire, c'est un astre qui tourne seul hors de l'orbite de l'autre soleil qu'est la littérature, dans son acception universelle. D'où cette perplexité générale chaque fois qu'il s'est agi de classer son œuvre parmi les genres littéraires. Gibran est-il poète, écrivain ou penseur ? À ce problème s'ajouterait, pour les Arabes, celui relevant du fait que Gibran a écrit ses plus importants ouvrages dans une langue autre que l'arabe, et que ceux écrits en arabe ont fait l'objet d'une critique parfois acerbe sur tous les plans : linguistique, littéraire et même intellectuel.

II

La matière de l'écriture « gibranienne » s'est formée et s'est développée entre deux pôles : l'émigration et la nostalgie. Si le premier l'a libéré de toutes les contraintes qu'il subissait dans sa patrie, la nostalgie de cette patrie et l'attachement qu'il lui vouait ont suscité en lui des interrogations de fond quant aux maux dont elle souffrait et aux remèdes à y apporter. Et c'est de là que part la voie d'émancipation que Gibran tracera pour elle.

Loin d'être rupture avec la seule patrie, en tant qu'espace ou géographie, l'émigration a été pour Gibran un moyen de s'attacher à sa culture, en tant que creuset de traditions, institutions et idées. Cette occasion de découverte et de renouveau théoriques et pratiques qui lui a permis d'accéder à une meilleure connaissance de soi et de l'autre. C'est l'émigration qui a ouvert à Gibran l'horizon du sens en même temps que celui de la vie.

À l'époque, le Liban vivait sous un double joug, social et culturel. Socialement, il sombrait dans un chaos total, alors que, culturellement, la pensée et la langue agonisaient. S'ajoutent à cela les problèmes consécutifs à la domination ottomane, puis il y eut ceux issus du colonialisme occidental.

Cependant, tout cela n'a fait que renforcer l'attachement de Gibran au Liban. En s'éloignant, il s'en est rapproché davantage. En le quittant, il y est devenu plus présent. Les difficultés rencontrées dans son travail l'ont rendu plus déterminé que jamais à persévérer dans la voie qu'il s'était tracée.

---

* Dans le monde arabe, le nom complet est Gibran Khalil Gibran, Khalil étant le nom de son père ; il est d'usage de placer le nom du père à la suite du prénom. L'artiste a toujours signé de son nom complet ses œuvres en langue arabe, mais il a abandonné le premier nom (Gibran) pour ses œuvres rédigées en anglais. Il a également modifié le nom « Khalil » en « Kahlil », en respectant la graphie erronée qu'avait adoptée son institutrice en 1895, à Boston.

Khalil Gibran, ca. 1898
© Comité national Gibran

Aussi, l'exil volontaire de Gibran s'est-il accompagné du souci de la liberté. Pour lui, l'émigration était un moyen d'échapper à l'exil dans son propre pays. Loin d'être une fuite ou un égarement, son départ pour l'étranger était plutôt une confrontation, un éveil et une prise de conscience. C'était plus une aspiration et une exploration de l'avenir qu'un repli sur soi ou une quête du confort matériel.

Dans les documents de l'époque, il est souvent fait mention de la participation assidue de Gibran aux groupements et mouvements politiques et intellectuels œuvrant pour la libération du Liban de l'opression sous toutes ses formes, tant à l'intérieur qu'à l'extérieur du pays.

L'exil lui a permis également d'agir, de penser et d'écrire en liberté. Par son action, Gibran tentait d'améliorer la situation du Liban, et dans ses idées et ses écrits, il ambitionnait d'y moderniser les modes de pensée et les méthodes d'expression.

Dans les deux cas, Gibran restait attentif à la réalité du pays d'accueil comme à celle du sien propre, aux différences entre son histoire et celle du Liban, aux phénomènes de repli et d'ouverture dans les deux pays, ainsi qu'à leurs mythologies et symboliques respectives, leurs prophéties et découvertes, sciences et industries, pouvoirs et sociétés, politiques et visions.

Ainsi de la matrice de l'exil naquit un visionnaire et un écrivain à l'échelle de l'univers.

III

Dès les débuts, l'écriture et la pensée de Gibran étaient empreintes d'une sensibilité messianique. Fondé sur une double vision, nationale et universelle, son messianisme s'est traduit sur le premier plan par une action en faveur d'un Liban libre, lumineux et créatif parmi les nations, tandis que sur le second, il le poussait à œuvrer pour l'avènement de valeurs humaines universelles éclairant la marche de l'homme dans la nuit du monde.

Alors que la préoccupation des écrivains du Liban et, plus généralement, des pays arabes, était de ressusciter le passé et d'éveiller une conscience émergeant de ce passé, Gibran cherchait, au contraire, à le remettre en question afin d'élargir les limites de la conscience de soi et de l'autre. Il voulait, tout simplement, changer les conventions d'une vision du monde obsolète, renouveler les approches et les modes d'expression. Au lieu de remuer ce qui fut, Gibran s'intéressait à ce qui pourrait être. Au lieu de se replier sur soi, il insistait sur la recherche, le questionnement et l'exploration. À la place d'une écriture prisonnière du partiel et de l'éphémère, du socialement et politiquement fonctionnel, Gibran proposera une écriture fondée sur l'universel et le permanent, sur le symbolique et le prophétique, sur l'infini. Cette position de Gibran insufflera une bouffée d'air pur dans un espace arabe malade de toutes sortes de pollutions. C'est un appel à la vie et à sa dynamique, l'inauguration d'une nouvelle ère de l'écriture arabe, où se mêleront pensée, poésie et narration, sensibilité et vision. Une ère où se mélangeront les connaissances, toutes les connaissances.

Grâce à cette démarche, Gibran sera au cœur de l'action pour la fondation d'une nouvelle vision du Liban en tant qu'un tout national et social, au-delà des confessionnalismes et des doctrines. C'est ainsi que naîtra dans l'exil une nouvelle géographie des idées humanistes au sein de laquelle le Liban représentera un « petit univers englobant le grand », selon la célèbre formule des soufis.

IV

Dans ses écrits, comme dans ses dessins, Gibran partait d'une situation libano-arabe que l'on pourrait qualifier de léthargique : léthargie de la vie et léthargie de l'écriture. Il n'est donc pas étonnant de le voir chercher à sortir les deux ensemble – vie et écriture – d'un monde clos et immobile, pour les éveiller au pluriel, à l'ouvert et à l'infini, brisant sur son chemin tous les tabous et tous les confessionnalismes étriqués, inventant pour sa vision messianique et prophétique une écriture également messianique et prophétique. Ce qui dégagera ses écrits de l'empreinte des systèmes de la littérarité arabe dominante et de ses valeurs esthétiques.

En fait, cette écriture est plus énergie que forme, vision que règle, signe et allusion que système et mode. Par la simplicité de son langage libéré enfin de la grandiloquence et autres artifices verbaux, elle irritait les uns et faisait rire les autres, ceux notamment qui ne laissaient jamais place dans leur vocabulaire à l'innocence destructrice, et qui n'ont jamais su distinguer un écrivain rendant à l'écriture son rôle premier, en tant qu'espace de l'essentiel, d'un autre qui, au nom de la simplicité, cédait à la tentation de la banalité.

Ainsi est née une écriture plurielle : nouvelles et contes, allégories et proverbes, poèmes et proses. En plus, Gibran semble avoir compris que certaines idées peuvent être exprimées autrement qu'à travers l'écrit. D'où son recours à la couleur pour mieux traduire sa vision, ou, plutôt, recouvrer ce que la parole seule est incapable de cerner. Dans le cadre de cette démarche, Gibran produira de multiples dessins et tableaux semblables à des miroirs qui relatent moins le visible que l'invisible.

C'était une écriture chargée d'un grand pouvoir de refus qui osa critiquer les traditions et les héritages littéraires, spirituels et religieux les plus solidement ancrés dans la société arabe. Elle associait les valeurs du travail et celles de l'amour, l'horizon du religieux et celui de l'affectivité, le visible et l'invisible, l'apparence et la substance, le clair et le mystérieux.

V

Cette écriture/vision est, pour emprunter une expression de Rimbaud, une sorte de « voyage métaphysique » au cours duquel Gibran réinventera les concepts de l'amour, de l'amitié, de la politique, de la connaissance et de l'écriture elle-même, ainsi que bien d'autres valeurs et concepts. Ce qui nous autorisera à dire que, pour lui, elle était beaucoup plus qu'une écriture/vision ou vision/écriture : c'était plutôt le projet d'une nouvelle religion humaniste.

Dans cette perspective, *Le Précurseur*, *L'Errant* et *Le Fou* sont des variantes de l'image/mère, celle du « Prophète ». Des images à travers lesquelles Gibran disait son autre Liban, son autre humanité, en les voyant comme deux jumeaux dans le miroir de l'univers. Là, il était lui-même plusieurs personnes sous un seul nom. Cette pluralité intérieure est symptomatique de sa grande et si féconde vision, de sa maîtrise de la réalité dans ses multiples facettes. Elle est symptomatique aussi de son regard lucide sur l'existence et de sa fraternité avec l'univers. Elle est symptomatique, enfin, d'un métissage intellectuel ou, plutôt, d'un métissage universel, dans le sens noble du terme.

VI

L'être le plus parfait est un être imparfait. L'écriture est la traversée des horizons de ce mouvement perpétuel vers une perfection qui ne peut pas être parachevée. Ce qui explique qu'une œuvre d'art est toujours inachevée. Car, comme l'homme, elle se perfectionne à l'infini.

Gibran a su déstabiliser l'image de l'être arabe, cette image qui prétend à la perfection ou à la possibilité de l'atteindre. Il a su également que la pensée et l'art ne peuvent pas offrir la perfection à l'homme. Tout au plus, ils peuvent lui ouvrir le chemin du dépassement, le séduire pour qu'il frappe aux portes du possible, en lui laissant la liberté de sa démarche et de ses choix. Rien n'est immobile et tout est mouvement perpétuel.

Dans les méandres des courants qui ont animé le premier quart du XXe siècle, et qui ont été marqués par l'appétit du savoir, la rationalité et le désir de technicité et de modernité, Gibran puisait sa vision et sa parole dans le moindre phénomène, du brin d'herbe jusqu'à l'océan. Il avait toujours le souci de regarder les choses d'un œil oriental/arabe, à parler d'un cœur oriental/arabe, pris qu'il était par l'invention d'une vision du monde, d'un rapport entre soi et l'autre, plus nobles, plus fraternels et plus dignes de l'homme.

Dans son œuvre, nous trouvons également des ondoiements de sources de la pensée occidentale, comme des prolongements d'éléments cosmiques du patrimoine arabe, notamment du soufisme, de la philosophie et de la poésie.

Nous y trouvons aussi des éclairages sur les liens entre soi et l'autre. Le « soi » étant, pour Gibran, plus un processus qu'une frontière. Il est donc pluriel et multiple. C'est une identité dans laquelle se croisent et se rencontrent toutes les identités. Comme si à partir des identités du pluriel se constituait celle du singulier. Dans ses intuitions et dans ses écrits, Gibran dépassera toujours les particularismes fermés et bloqués à l'intérieur de leurs frontières. Pour lui, l'identité est le mouvement de l'indéterminé, et on ne peut la connaître qu'à travers ce mouvement. Elle est, d'ailleurs, si vaste qu'elle est incernable. Comme le jaillissement d'une eau secrète dans un océan. En soi, l'individualité de la personne ne constitue pas son identité. Car cette dernière est un désir, un débordement des limites de l'individu. L'homme est plus que ce qu'il est et plus lointain. Il est pluriel conjugué au singulier. « Le moindre moi contient un exemplaire complet de tous les moi », disait Victor Hugo à la suite des soufis arabes. Gibran lui-même affirme : « L'homme doit être envisagé comme étant un "petit univers" qui contient le "grand". Chacun de nous est absent de soi lorsque le "tout" en est absent, et présent quand il y est présent. La pureté de l'homme est cachée, et il appartient aux créateurs de la dévoiler en dévoilant leurs profondeurs. L'infini en chacun de nous est entouré des murailles du fini. Pour nous retrouver, il nous faudrait donc détruire ces murailles. »

Il me semble que Gibran ne peut être lu qu'à travers cette dimension universelle. Ses écrits obligent le lecteur à remettre en question le rapport qu'il entretient avec lui-même et avec l'autre. Cela viendrait de ce côtoiement chez lui entre l'esthétique, le moral et l'humain. Aussi, sa lecture ne se borne-t-elle pas à transformer les seuls goût et esprit du lecteur. Elle transforme également sa vie. Cela expliquerait le métissage secret et captivant caractéristique de son œuvre. Comme un fleuve, Gibran a deux rives : l'écriture pour le poète et l'oralité pour le prophète.

Paris, août 1998
Adonis. Célébré dans le monde arabe comme l'une des figures majeures de la poésie contemporaine, Adonis également essayiste, a notamment écrit *Mémoires du vent* (trad. de l'arabe), Gallimard (Poésie), Paris, 1991.

Entrée de la Vallée Sainte, 1898
Photo Gérard de Martimprey (Nancy 1873- Beyrouth 1956)
Épreuve au gélatino-bromure d'argent
© Éditions de l'Escalier et Michel Fani

Khalil Gibran, poète de l'écologie de la vie
Souhail Bouchroui

Toutes les choses dans cette Création existent en toi, et toutes les choses en toi existent dans la Création; il n'y a pas de frontière entre toi et les choses les plus proches, et il n'y a pas de distance entre toi et les choses les plus éloignées; et toutes les choses, des plus basses aux plus élevées, des plus petites aux plus grandes, sont en toi comme des choses égales. Dans un seul atome se trouvent tous les éléments de la terre; dans un mouvement de l'esprit se trouvent tous les mouvements de toutes les lois de l'existence; dans une goutte d'eau se trouvent les secrets de tous les océans infinis; dans un aspect de toi se trouvent tous les aspects de l'existence.

Le poète et philosophe libanais Khalil Gibran (1883-1931), connu surtout comme l'auteur du *Prophète*, est unanimement considéré comme l'un des Orientaux qui ont apporté à l'Occident une dimension spirituelle dont il avait grand besoin. Mais il fut bien plus que cela. Élevé dans une campagne d'une beauté saisissante, et imprégné d'une tradition qui était la synthèse des grandes légendes d'Adonis et d'Astarté – les dieux qui étaient partie intégrante du monde naturel de l'imagination –, il devint l'un des auteurs du xxᵉ siècle les plus conscients des questions d'environnement. Il voyait le corps du monde comme une manifestation extérieure de l'essence divine, et non comme un objet à manipuler, à réarranger et à refaire au gré des désirs et des caprices. En écrivant à une époque où le darwinisme était à son apogée, Gibran pourrait, à bien des égards, être considéré comme un contrepoids positif à la métaphore darwinienne.

L'imagerie la plus puissante dans les écrits de Gibran était empruntée à la nature, et il opposa continuellement le monde naturel au monde humain. Il voyait dans la nature une vie qui influence les affinités entre tous les hommes, et son riche trésor de symboles formait le matériau à la fois émotionnel et intellectuel de sa poésie. Il soulignait la sainteté de la nature et notre devoir de la protéger et de l'ennoblir, de la sanctifier, de la célébrer, d'apprendre d'elle et de communier avec elle, mais non nécessairement de l'expliquer, plutôt de la comprendre et de la révéler en action et en pensée, et par-dessus tout dans la poésie et les arts. Son œuvre témoigne de l'influence non seulement des poètes de la nature comme Wordsworth, Keats et Blake, mais des transcendantalistes américains – Emerson, Thoreau et Whitman.

Dans l'œuvre de Gibran, la peinture de la nature représentait un nouveau départ pour la littérature arabe. Dans la poésie classique arabe, influencée par le mode de vie du désert, la nature était vue comme une force avec laquelle il fallait compter; et lorsque les Arabes gagnèrent les régions plus fertiles du Nord, et, au-delà de l'Afrique du Nord, l'Espagne arabe, la nature fut traitée comme un ornement descriptif. Gibran voyait plutôt la nature comme investie d'une vie propre, avec des dimensions spirituelles, émotionnelles et intellectuelles ; pour lui, elle était le lien qui nous rattache l'un à l'autre, et en elle coulait une énergie divine qui est l'expression parfaite du rythme intérieur de tout être. Communier avec elle était pour Gibran une expérience religieuse. Il considérait la vie de l'homme et la vie de la nature comme complémentaires, se soutenant l'une l'autre dans une symbiose parfaite, illustrant le message de Shakespeare dans *La Tempête*.

Tout au long de ses écrits arabes, Gibran témoigne d'une appréciation et d'un amour profonds de la nature. Les exemples que voici sont caractéristiques :

« La nature tend vers nous des bras accueillants, et nous demande d'apprécier sa beauté ; mais nous redoutons son silence et nous nous précipitons dans les villes surpeuplées, pour nous attrouper tels des moutons fuyant un loup féroce.
Toute chose dans la nature révèle la mère. Le soleil est la mère de la terre et la nourrit de chaleur ; elle ne quitte jamais l'univers la nuit avant d'avoir endormi la terre au son du chant de la mer et de l'hymne des oiseaux et des ruisseaux. Et cette terre est la mère des arbres et des fleurs. Elle les produit, les allaite, et les sèvre. Les arbres et les fleurs deviennent les mères affectueuses de leurs gros fruits et de leurs graines. Et la mère, modèle de toute existence, est l'esprit éternel, empli de beauté et d'amour. »

Le paysage de l'enfance et de la jeunesse de Gibran, ainsi que celui de ses premiers poèmes, était le village de Bécharré, où il est né, et la campagne environnante, dominée par les cèdres. Après qu'il eut émigré en Amérique à l'âge de onze ans, cette partie du Liban devint l'objet de ses aspirations et une constante source d'inspiration :

« Et je me souviens, aussi, de ce bel endroit du Nord-Liban. Chaque fois que je ferme les yeux, je vois cette vallée pleine de magie et de dignité, et ces montagnes couvertes de gloire et de grandeur essayant d'atteindre le ciel. »

La campagne autour de Bécharré fascinait Gibran et enflammait son imagination : les vieux cèdres, la magnifique vallée de Qadisha, les myriades de ruisseaux, de torrents et de cascades ; dans le fond, les impressionnantes montagnes de Sannin et de Famm al-Mizab. Telles étaient les scènes qui enflammèrent d'abord l'esprit du poète. Bécharré semblait n'avoir pas été touché par les forces qui dépouillaient l'Amérique de sa campagne.

« Nous qui vivons dans l'excitation des villes, nous ne savons rien de la vie des villageois de la montagne. Nous sommes emportés dans le courant de l'existence

Descente à Qannoubine, 1898
Photo Gérard de Martimprey
Épreuve au gélatino-bromure d'argent
© Éditions de l'Escalier et Michel Fani

Vallée Sainte, 1898
Photo Gérard de Martimprey
Épreuve au gélatino-bromure d'argent
© Éditions de l'Escalier et Michel Fani

citadine, au point d'oublier les rythmes paisibles de la vie simple à la campagne, qui sourit au printemps, peine en été, moissonne en automne et se repose en hiver, imitant la nature dans tous ses cycles. Nous sommes plus riches que les villageois en or ou en argent, mais ils sont plus riches en esprit. Ce que nous semons, nous ne le récoltons pas ; ils récoltent ce qu'ils sèment. Nous sommes esclaves du gain, et eux sont enfants du contentement. Ce que nous buvons à la coupe de la vie est mêlé d'amertume et de désespoir, de crainte et de lassitude ; alors qu'eux boivent le pur nectar de l'accomplissement de la vie. »

Les souvenirs de Bécharré et de la campagne libanaise emplissent les lettres et les conversations de Gibran avec ses amis, et colorent toute son œuvre. Au milieu des montagnes, des collines, des ruisseaux, des cascades et des petits taillis, il aimait à « savourer les plaisirs de la liberté » qui avaient nourri ses songes et ses rêveries d'enfant. Pour lui, c'était une période « où le professeur de l'homme est la nature, l'humanité son livre, et la vie son école ». Tout était porteur d'un message : « les grottes lointaines faisaient écho à leurs chants de louange et de victoire », la brume, les nuages, la terre, le ciel, les oiseaux, les bêtes, les fleurs, les arbres et les feuilles « proclamaient le Mot de Vie ». Il fut ainsi invité au superbe festin de la Vie, où « les villages, reposant en paix et en tranquillité sur les épaules de la vallée, s'éveillent de leur sommeil : les cloches d'église emplissent l'air de leurs appels à la prière matinale. Et des grottes leur répondent en écho, comme si toute la Nature se joignait à la révérencieuse prière ».

Les arbres, spécialement le cèdre du Liban, occupaient une place particulière dans le cœur de Gibran. Dans son long poème arabe intitulé *La Procession*, il utilise l'image de l'arbre pour évoquer la continuité paisible de la nature, opposée à l'activité bruyante de la vie citadine. « Il n'y a pas de confusion dans la forêt », écrit-il, ajoutant que s'il en avait le choix il passerait toutes ses journées parmi les arbres de son pays natal. Le printemps lui rappelait qu'« il n'y a pas de mort dans la Nature », et que, même si le mois d'avril peut disparaître, « les dons de la Joie ne s'en vont pas ».

Dans une autre œuvre arabe intitulée « Devant le trône de beauté », le poète apparaît ayant « fui la multitude » et trouvé refuge dans une vallée paisible, où il communie avec lui-même. Lorsque enfin son esprit « s'envole de la prison de la matière pour le royaume de l'imagination », il est récompensé par la vision d'une « nymphe du paradis », qui annonce qu'elle est la « fille des forêts », un « symbole de la Nature ».

« Mon état divin est soutenu par la beauté que tu vois où que tu lèves les yeux ; une beauté qui est la Nature sous toutes ses formes. Une beauté qui est le commencement du bonheur du berger lorsqu'il est debout au milieu des collines ; et celui du villageois dans ses

Kozhaya, 1898
Photo Gérard de Martimprey
Contretype de l'épreuve originale
© Éditions de l'Escalier et Michel Fani

champs ; et des tribus nomades entre la montagne et la plaine. Une beauté qui, pour les sages, est le marchepied du trône de la Vérité vivante. »

Certaines des œuvres arabes de Gibran vont jusqu'à préfigurer les messages et les thèmes de groupes écologiques actuels, tels les Amis de la terre :

J'ai entendu le ruisseau se lamenter comme une veuve pleurant son enfant mort et j'ai demandé : « Pourquoi pleures-tu, mon pur ruisseau ? » et le ruisseau répondit : « Parce que je suis obligé d'aller en ville, où l'homme me méprise et me refuse, me préférant des boissons plus fortes, me fait le charognard de ses restes, pollue ma pureté et transforme ma bonté en saleté. » Et j'ai entendu s'affliger les oiseaux, et j'ai demandé : « Pourquoi pleurez-vous, mes beaux oiseaux ? » L'un d'eux se rapprocha, se percha au bout d'une branche et me dit : « Les fils d'Adam viendront bientôt dans ce champ avec leurs armes meurtrières et nous feront la guerre comme si nous étions leurs ennemis mortels. Nous prenons congé l'un de l'autre, car nous ne savons pas lesquels d'entre nous échapperont à la colère de l'Homme. La mort nous suit où que nous allions. »
Le soleil se leva alors de derrière les cimes des montagnes, et coiffa les sommets des arbres de couronnes d'or. J'ai regardé cette beauté et je me suis demandé : « Pourquoi l'Homme doit-il détruire ce que la Nature a construit ? »

Des œuvres de la maturité de Gibran, en particulier celles en anglais, c'est bien entendu *Le Prophète* qui se détache. Et ici encore, dans le sermon sur « le boire et le manger », on entend la voix de l'écologiste et même de l'ami des animaux qu'était Khalil Gibran :

« Avec cela tu pourrais vivre du parfum de la terre, et comme une plante aérienne te nourrir de lumière. Mais comme tu dois tuer pour manger, et voler au nouveau-né le lait de sa mère pour étancher ta soif, que ce soit un acte de culte. Et que ta table porte un autel sur lequel le pur et l'innocent de la forêt et de la plaine sont sacrifiés à ce qui est encore plus pur et plus innocent en l'homme. […]
Et quand tu croques une pomme avec tes dents, dis en ton cœur : "Tes graines vivront en mon corps, et les bourgeons de ton lendemain s'épanouiront dans mon cœur. Et ton parfum sera mon souffle, et ensemble nous nous réjouirons à travers toutes les saisons." »

Étudier Gibran et observer l'effet cumulatif de son œuvre, c'est reconnaître en lui un ardent avocat de l'unité de l'être et de l'amour universel d'un côté, et l'enfant de la nature et de la création par excellence de l'autre. Dans ses œuvres posthumes écrites en anglais, le message écologique de Gibran atteint son apogée, notamment dans la douce compassion de *L'Errant* :

« Un arbre dit à un homme : "Mes racines sont dans la profonde terre rouge et je te donnerai de mes fruits".

Panorama du cirque de Bécharré, 1898
Photo Gérard de Martimprey
Épreuve au gélatino-bromure d'argent
© Éditions de l'Escalier et Michel Fani

Et l'homme dit à l'arbre : "Comme nous sommes semblables ! Mes racines sont également profondes dans la terre rouge. Et la terre rouge te confère le pouvoir de me donner de tes fruits, et la terre rouge m'apprend à les recevoir de toi avec reconnaissance." »

Et, enfin, dans son œuvre inachevée, *Le jardin du Prophète*, qui, s'il l'avait terminée, aurait peut-être été un joyau encore plus brillant que *Le Prophète* (elle en était conçue comme la continuation) :

« *Et puis Mannus, le disciple curieux, regarda autour de lui et vit des plantes en fleur accrochées au sycomore. Et il dit : "Regarde les parasites, maître. Qu'en dis-tu ? Ce sont des voleurs aux paupières lourdes qui volent la lumière des enfants dévoués du soleil, et dérobent la sève qui coule dans leurs branches et leurs feuilles." Et il répondit en disant : "Mon ami, nous sommes tous des parasites. Nous qui peinons pour transformer la terre en pulsations de vie ne sommes pas supérieurs à ceux qui reçoivent la vie directement de la terre sans connaître la terre."*
Une mère doit-elle dire à son enfant : "Je te rends à la forêt, qui est ta plus grande mère, car tu me fatigues le cœur et la main ?" »
Ou le chanteur doit-il dénigrer son propre chant en disant : "Retourne maintenant dans la grotte des échos d'où tu viens, car ta voix consume mon souffle." ?
Et le berger doit-il dire à son agneau : "Je n'ai pas de pâturage où te conduire ; tu seras donc supprimé et sacrifié à cette cause." ?
Non, mon ami, toutes ces questions ont leur réponse avant même d'être posées, et comme tes rêves sont résolues avant que tu ne dormes.
Nous vivons l'un de l'autre conformément à la loi, ancienne et intemporelle. Vivons donc en affectueuse bonté. Nous nous cherchons l'un l'autre dans notre solitude, et nous marchons sur la route lorsque nous n'avons pas de foyer où nous asseoir.
Mes amis, mes frères, la large route est votre compagnon. Ces plantes qui vivent de l'arbre puisent le lait de la terre dans la plus douce tranquillité de la nuit, et la terre dans son rêve paisible tète les seins du soleil. Et le soleil, comme toi et moi et tout ce qui est, est assis au même rang au banquet du prince, dont la porte est toujours ouverte et la table toujours mise.
Mannus, mon ami, tout ce qui est vit toujours de tout ce qui est ; et tout ce qui est vit dans la foi sans limites, de la bonté du Très-Haut. »

Ici, plus que dans aucune autre de ses œuvres, Gibran définit la relation véritable entre l'homme et la nature. Avec sa vision du ciel dans une goutte de rosée et le phénomène des étoiles elles-mêmes qui lui parlent, le prophète du jardin de Gibran est l'homme idéal dans le monde idéal : un monde où la nature est à la fois sa mère et sa sœur.

Souhail Bouchroui, professeur et directeur du projet d'études et de recherches Khalil Gibran à l'université de Maryland. Dernier titre paru, avec la collaboration de Joe Jenkins : *Kahlil Gibran, Man and Poet : A New Biography* (Oxford, One World, 1998).

L'expression poétique de l'imaginaire
Wahib Kayrouz

Si « l'expression » est l'action de presser quelque chose pour en extraire la substance, et si « l'imaginaire » évoque le domaine et l'activité de l'imagination, ce condensé se limite à élucider la part inconsciente dans la créativité de Gibran : l'auteur du *Prophète* « qui a fait son tour du monde », et le peintre qui se proclamait « créateur des formes ».

Vu le progrès de l'analyse des phénomènes esthétiques, une prise de conscience qui met l'accent sur la convergence des deux tendances chez Gibran s'impose.

La bibliothèque des recherches gibraniennes n'aborde que le penseur : poète sage et porteur d'un message qu'on estime universel. Le peintre n'est reconnu que dans quelques tableaux conçus comme l'illustration de ses idées.

Les trois dernières décennies, des activités diverses ont compensé ce phénomène. L'œuvre plastique, aussi vaste que l'œuvre écrite, reprend son élan pour s'épanouir. Cette expansion fait continuité avec celle que l'artiste soutenait à Boston et à New York. Et pourtant le message du livre fait du tort à celui du tableau, le lecteur, envoûté par le mystère du mot, ne peut pas s'imaginer que le maître du verbe le soit aussi dans l'expression de l'imaginaire.

De tout temps les hommes n'ont su que réduire les phénomènes qui les surpassaient. Même les commentateurs les plus avertis ne prennent que rarement la peine de tenter d'établir certains liens possibles entre un écrit poétique et une forme plastique. S'il est effectivement rare d'avoir plus qu'une maîtrise dans la véritable créativité d'un génie, il est rare d'accepter que surgissent d'une origine unique des tendances esthétiques différentes. Quoi de plus éloigné entre un poème qui appartient au verbe, c'est-à-dire à la sonorité, et une peinture qui s'apparente au domaine plastique, c'est-à-dire à la ligne, à l'espace, aux surfaces et aux couleurs ?

La rareté des génies polyvalents s'impose avec amertume. L'analyse, si pareille exception existe, est plus critique. Le génie de Gibran, depuis la première exposition à Boston (mai 1904) jusqu'à aujourd'hui, est le créateur de son propre drame :

« La vision ne s'intitule pas », disait-il.

Amateurs, critiques, historiens de l'art même... l'exigent.

Génie poétique. Visionnaire. Le génie créateur de Gibran s'impose en son entier et se refuse à être classé en catégories distinctes.

Penseur de l'universalité, Gibran en a découvert des phénomènes qui semblent être ranimés par un esprit collectif. Conception ésotérique qui ouvre l'accès à la mélodie intérieure de la vie. Ainsi la peinture et la poésie seront l'objet immédiat de son esthétique.

Dans la région des Cèdres

Différentes par nature, elles dialoguent, inconsciemment, dans son être. Elles font surgir en lui des structures linéaire et sonore, où espace et mouvement s'interpénètrent. Ainsi naissent des « formes sonores » et des « sonorités plastiques ».

Si l'analyse emprunte à une telle terminologie, la « danse » ne sera-t-elle pas l'expression de l'unité des arts ? C'est « la danseuse » (parabole dans *L'Errant*) qui tente, intuitivement, d'approcher l'unité commune à plusieurs disciplines. Après avoir évoqué la façon dont elle « orchestre les éléments de la nature » selon « les rythmes et les rimes » de son corps, elle approuve que « l'esprit du poète habite son cœur, et l'esprit du chanteur vit dans sa gorge, mais l'esprit de la danseuse habite tout son corps ». Esprit qui orchestre ! Est-ce la dernière ressource du chant, de la poésie, de la danse... ? Est-il à l'origine de toutes ces créations et reste-t-il, cependant, entièrement ignoré ? En somme, il se reflète dans le conscient sans se rendre explicite et sans rien élucider de la nature des disciplines artistiques qu'il engendre. Ose-t-on le désigner par archétype qui s'insinue dans des rythmes, cadences, mesures, syllabes... ? On le reconnaît, assurément, dans la métrique des poèmes classiques et renouvelés de Gibran. Mais, étant essentiellement inné, il s'incarne véritablement dans la plénitude mélodique de sa prose. C'est intérieurement qu'il l'a rendue poétique.

Le mot, conçu d'ordinaire comme un porteur d'idée, perd avec Gibran beaucoup de sa fonction sémantique en prenant une dimension essentiellement phonétique. Jaillissant ainsi de l'inconscient du poète, ce mot semble émerger d'un inconscient collectif que Gibran reflète dans des symboles multiples : la nature, la mer, l'âme, le vent... Symboles choisis afin de mieux centrer l'esprit sur la nature de leurs mouvements.

« Que les poètes, rapportait-il à Mary Haskell (19 mai, 1922) écoutent, en plein silence, le rythme de la mer. Rythme qui est la qualité du Livre de Job et des autres merveilleux Livres dans l'Ancien Testament. »

Comparé à l'alternance du rugissement et du silence des vagues de la mer, le rythme devient l'expression de l'ordre dans l'univers dialectique et assonant. « Il est souhaitable, continuait Gibran, que l'homme s'inspire de cette musique de la nature pareille à celle du vent, comme du frôlement des feuilles des arbres. »

Le mot, ainsi enraciné dans le tissu de l'existence, s'insinue en tant que modèle poétique qui échappe au conscient. Seul le génie du poète arrive à sentir et saisir ses entéléchies dans les formes de la nature ou dans celles que l'esprit a élaborées. Et ce poète n'existe ainsi que dans les formes qu'il engendre.

Les ondes de la mer sont des rides cadencées et courbées.

Les Cèdres

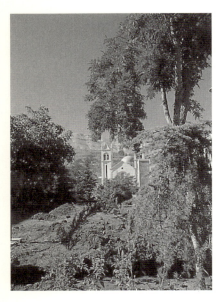

Couvent de Mar-Sakis : musée et mausolée de Gibran

Une église à Bécharré à proximité de la maison natale de Gibran

Les rythmes de la danseuse évoquent la souplesse de son corps.

Les voyelles, dans un mot, dans une phrase, façonnent les courbures des « bas » et des « reliefs » dans la succession des consonnes. Enfin, l'archétype poétique ne se dépouille jamais de ses formes. Il les fait naître. Il en est le souffle de leur existence.

Il est vrai qu'on ignore la genèse de l'imagination. La science n'a pas encore élucidé, dans le développement d'un génie, lequel des deux archétypes, poétique ou plastique, précède l'autre.

Ses biographes mettent l'accent sur les événements de son enfance qui rythment précisément ces « zajals », poèmes populaires. L'imagination et le poète fraternisent, s'interpénètrent... Le rythme baigne dans la confusion des images. Ces dernières, depuis la tendre jeunesse, s'illuminent par les lueurs des vibrations sonores. Tel fut le destin de l'œuvre picturale de Gibran.

À la lumière de ce destin radieux, se trouvent intégrées toutes les étapes, toutes les tentatives, toutes les métamorphoses de l'espace avide de lumière ainsi que des révélations lumineuses et indéfinies.

Imagination poétisée. Poésie qui infuse clarté et infini. Voilà les deux sources unifiées dans la genèse d'une œuvre qui dépasse les six cents pièces.

Abordant cette œuvre, méditant sur des centaines de feuillets, des cahiers, des manuscrits, des livres où fourmillent croquis, esquisses, ébauches, études anatomiques... l'on s'interroge : pourquoi de toute la diversité des matières, seul le fusain persiste ? Pourquoi tout ce monde, autant qu'il se perfectionne, subit une simplification austère pour se réduire à un fusain et un papier ?

Est-ce le beau qui ne garde d'un modèle que quelques traits pour créer tout le reste ?

Est-ce le sublime qui purifie l'ensemble de l'œuvre afin que ne persistent que finesse et transparence ? D'où proviennent toutes ces qualités ?

Que l'artiste lui-même élucide, au moins, le contexte :

« Il y a quelque chose de grand et latent en moi, et je ne peux pas l'extérioriser. C'est une "Entité Géante" silencieuse qui observe ma "Petite Entité" préoccupée des choses de tout genre. Il me semble que toutes mes œuvres sont mensongères. Elles n'expriment pas ce que je veux exprimer. Je suis toujours conscient qu'une procréation est en train de s'effectuer... »

Confession douloureuse (à Mary Haskell, 9 mai 1922) ! Le poète ne cesse pas de voir son « œuvre mensongère ». L'est-elle en elle-même ? N'est-elle pas le fruit d'une longue endurance ? Elle est inachevée tout en étant achevée. Elle apparaît parfaite. Imparfaite aux yeux de son créateur. Mais quels yeux ? Ceux du peintre ou du poète ?

Le beau, la simplicité, l'extrême finesse que l'« Entité Géante » exige, sont des qualités indéfinies, incommensurables. C'est l'infini qui est cherché. « La face du Prophète », à titre d'exemple, recherche un certain espace. Seule la poésie permet un tel affranchissement. Elle s'infuse dans l'image, l'incite à se dénuder et à s'étendre, vision illimitée. L'« Entité Géante » n'appartient plus à l'espace. La création gibranienne sera l'expression poétique de l'imaginaire.

Bécharré, août 1998
Wahib Kayrouz, Conservateur du musée Gibran.
Auteur de *Gibran dans son musée*, éd. Bacharia, Beyrouth, 1996.

Cartables de Gibran
Musée Gibran
© Comité national Gibran

Gibran : lumières sur un destin
Issa Makhlouf

L'expérience de Gibran Khalil Gibran constitue une étape-charnière dans l'histoire de la nouvelle littérature arabe. L'écrivain fut l'un des précurseurs qui ont préparé la voie à la modernité dans le monde arabe et instauré une nouvelle relation avec la réalité culturelle et sociale. Dans ce domaine, d'autres écrivains et poètes qui résidèrent aux États-Unis à la fin du siècle dernier et au début de ce siècle avaient apporté une contribution décisive.

Quand Gibran naquit à Bécharré, au nord du Liban, en 1883, le Liban connaissait, au sein de la région administrée par le pouvoir ottoman, une phase difficile de son histoire, aussi bien au plan politique que social. Au despotisme s'ajoutait une crise économique aiguë sur fond de conflits confessionnels sanglants entre les fils d'un même peuple. Le résultat en fut un accroissement de l'immigration provoquée par la recherche de ressources et d'espaces de liberté, une immigration qui n'était pas sans susciter chez ceux qui y recouraient des sentiments d'exil forcé et de nostalgie.

C'est dans cette atmosphère que Gibran grandit et immigra avec sa famille aux États-Unis d'Amérique, où son œuvre littéraire et son art eurent le loisir de se développer et où il joua un rôle important dans le mouvement poétique au sein de l'immigration. Il pesa en particulier sur les orientations de la « Ligue des hommes de lettres » dont les fondateurs avaient entrepris de rénover les formes de l'expression littéraire et de s'attaquer aux structures traditionnelles des sociétés arabes. Leur production se distingua par des traits romantiques, et Gibran fut le représentant le plus remarquable de cette orientation dans la littérature arabe moderne, orientation qui n'était pas sans lien avec la littérature romantique occidentale, et plus particulièrement française.

Gibran a également subi l'influence de la traduction arabe de la Bible réalisée au XIXe siècle [1], perceptible dans son souffle littéraire et sa prose poétique. C'est ce qui explique sa grande familiarité avec la prose biblique telle qu'elle se réalise chez Blake et Nietzsche. Mais c'est la traduction arabe de la Bible qui peut être considérée comme le point de départ de la prose de Gibran, une prose tout à fait différente de l'ancienne prose arabe.

C'est ainsi que dès le début Gibran empruntait une voie nouvelle dans l'écriture arabe. Il se référait moins au passé qu'à l'avenir, comme il l'exprimera plus tard dans le prélude de son livre *Le Prophète* et sa présentation de l'Élu comme « une aube pour lui-même [2] ». La production de Gibran se répartit en deux étapes principales, d'une part celle de l'expression en langue

Khalil Gibran, ca. 1898
Photo Fred Holland Day
© Library of Congress

arabe, qui est la période du refus et de la révolte (elle comprend également des germes de la spiritualité qui devait marquer la période suivante), et d'autre part celle de l'expression en langue anglaise qui débute par le livre *Le Fou*, dans lequel l'écrivain emprunte une voie contemplative tendant vers l'absolu, l'inconnu et le métaphysique. Mais les deux visages qu'emprunte l'expression chez Gibran, celle de l'homme inquiet et violent et celle de l'homme spirituel et serein, ne sont en fin de compte que les visages de Janus : les deux faces d'un même être. Ils se complètent par-delà leurs contradictions, car ce sont des « contradictions bienvenues », comme les qualifie Ounsi El-Hage[3].

Beaucoup de livres et d'articles ont paru sur Gibran, mais la plupart de ces études ont mis l'accent sur les détails de sa vie et sur sa correspondance, plutôt que sur les différents aspects de sa pensée, de sa langue et de sa méthode. Et comme la vie de Gibran a profondément marqué sa production, notamment parce qu'elle était emplie d'aventures amoureuses et émaillée d'événements douloureux ou étonnants, il est impossible de l'ignorer entièrement au profit de sa production, ni non plus de la privilégier aux dépens de l'œuvre. Chez certains chercheurs, elle faillit même occulter totalement l'œuvre. L'un des sujets les plus fréquemment évoqués par ceux-ci est la relation qu'entretenait l'écrivain avec les femmes, et la question de savoir si cette relation était normale ou pathologique, d'autant plus que Gibran fréquenta un nombre important de femmes, dont beaucoup laissèrent une trace dans sa vie, en premier lieu l'Américaine Mary Haskell. Une expression qui figure dans son livre, *Jésus, Fils de l'homme*, jette la lumière sur sa position sur cette question : « Jésus ne se maria pas mais il était l'ami des femmes, car il les connut de la manière dont chacun devrait les connaître, dans la pure amitié[4] ».

De Bécharré à Beyrouth et de Boston à Paris et New York, c'est tout le parcours de Gibran Khalil Gibran qui se dessine et, dans la foulée, l'horizon de son destin. Et si l'écrivain avait emporté dans ses bagages une volonté farouche de rejet du despotisme ottoman et des conditions sociales misérables dont souffrait sa patrie, il conservait aussi dans sa mémoire le souvenir de la beauté de la nature qui caractérisait la partie montagneuse et élevée du Nord-Liban. De fait, son lieu de naissance, Bécharré, se trouve dans un cadre naturel enchanteur, entre la montagne des Cèdres d'une part, et l'impressionnante vallée de Qannoubine d'autre part, et cette nature émaille l'ensemble de sa production littéraire (surtout en arabe) et artistique, ainsi que sa correspondance et ses discours…

Aujourd'hui cependant, soixante-sept ans après sa mort, ce qui retient particulièrement l'attention chez Gibran et ce qui, à nos yeux, le rend contemporain et en fait l'un des plus exemplaires et des plus courageux des réformistes de l'époque, c'est la position qu'il a adoptée face à un certain nombre de problèmes essentiels. Et quelques-unes des questions traitées par Gibran continuent de se poser avec acuité jusqu'à nos jours, au Liban et dans le monde arabe. Nous nous y arrêterons ici plus particulièrement, à l'exclusion d'autres thèmes, en soulignant que la lecture que nous en faisons ne prétend constituer qu'une introduction aux questions traitées par Gibran, car elles mériteraient une étude plus approfondie.

Par-delà la valeur littéraire et artistique de Gibran, ce qui nous retiendra donc ce sont quelques-unes de ces questions fondamentales et en premier celles de la religion, de la femme et de la langue… Plusieurs écrivains libanais s'y étaient également confrontés, quoique de façon inégale et sous des angles différents, comme par exemple Amin al-Rihani, Elias Abou Chabaka, Khalil Takieddin, etc.

Il est vrai que dans ses ouvrages, et en particulier les premiers (*Les Nymphes des prairies, Les Âmes rebelles, Les Ailes brisées, Les Tempêtes…*) le refus de Gibran est un refus romantique, et il est vrai qu'il y paraît tout à la fois utopique et idéaliste, parce qu'il traite des phénomènes sociaux en ignorant leurs causes profondes [5]. Toutefois, il défendait clairement des positions humanistes en se soulevant contre toutes les formes de domination et de despotisme, en condamnant les inégalités sociales et en dénonçant les sources de la souffrance dans sa société, c'est-à-dire la féodalité politique et la féodalité cléricale.

Gibran manifesta son rejet des structures politiques et intellectuelles dominantes au cours d'une période déterminée, la fin du XIXe siècle et le début du XXe siècle, qui correspond à la fin de l'Empire ottoman. Il critiqua aussi l'utilisation de la religion pour des objectifs opposés à ses principes transcendants, idée qu'il exprima de la manière suivante : « Ô Jésus, ils ont élevé pour la gloire de leur nom des églises et des temples qu'ils ont recouverts de soie tissée et d'or fondu, et ils ont laissé les corps de tes élus miséreux tout nus dans les rues glaciales [6] ». Il réprouvait « l'injustice de moines qui transforment l'enseignement du Nazaréen en épées avec lesquelles ils tranchent les cous et lacèrent de leur lame effilée les corps des malheureux et des faibles [7] ».

Il alla encore plus loin en parlant de la rapacité des hommes de religion, de leur domination et de leur joug, dans quelques-unes de ses nouvelles, notamment *Youhanna le fou, Khalil l'hérétique*. Dans la première, il parle de moines ressemblant à « des corbeaux affamés dans des cages étroites, qui tremblent de rage (…), en attendant le signal de leur chef pour déchiqueter Youhanna et l'anéantir [8] ».

Il les décrit le brutalisant avec leurs mains rugueuses et le rouant de coups de pieds, dénonçant de cette manière les penchants sadiques invétérés des moines. Ce sadisme apparaît dans son expression la plus extrême dans l'histoire de *Khalil l'hérétique*, où l'on voit le supérieur du couvent, après avoir blâmé durement Khalil « en présence des moines ravis, me condamner au fouet ; je fus fouetté avec une cravache. Puis il ordonna de m'enfermer pendant un mois, et les moines me conduisirent en s'esclaffant de joie dans une cellule sombre et humide ». Ailleurs, il écrit : « Les moines m'attrapèrent alors et me traînèrent brutalement jusqu'à l'extérieur du couvent, puis ils revinrent en riant [9] ».

Dans *Khalil l'hérétique* aussi, Gibran se soulève contre la féodalité politique représentée par le cheikh Abbas, de la même manière qu'il se soulève contre la féodalité cléricale, et c'est ce qui explique que « Cheikh Abbas qui était gouverneur et émir aimait les moines du couvent, et protégeait leurs traditions et leurs enseignements car ils contribuaient à tuer la connaissance et à maintenir la soumission dans les âmes de ceux qui lui cultivaient ses terres et ses vignes [10] ».

Gibran dénonça dans une langue chargée de colère et de révolte les écarts immenses entre les enseignements du Christ et ceux qui avaient la charge de prodiguer cet enseignement. Il prit à partie également la relation entre le pouvoir civil et le pouvoir religieux, et mit en cause le système féodal, l'inégalité et l'injustice, qui s'étaient aggravés au cours de la Première Guerre mondiale, provoquant un accroissement de la pauvreté, de la famine et de l'émigration. Il stigmatisa aussi, par la voix de Khalil l'hérétique, le couvent « dont le coffre-fort déborde d'or et d'argent, dont les caves sont remplies de nourritures et de vins et dont les couloirs sont encombrés de brebis et de béliers gras [11] ».

En critiquant les deux pouvoirs civil et religieux, Gibran mettait en cause le féodalisme qui constituait un obstacle à l'évolution des structures sociales. Il montra comment la classe dominante profitait des lois et les utilisait à ses propres fins et pour ses propres besoins, après que les graines de la discorde eussent germé chez les fils de la même nation, qui appartenaient à des communautés différentes. C'est ainsi qu'il s'en prend directement à ceux qui œuvrent par tous les moyens pour diviser les citoyens en fonction de leurs appartenances confessionnelles : « avec leurs fourberies et leurs ruses, ils ont semé la discorde entre les clans et creusé l'écart entre les confessions… afin de préserver leur trône et de rassurer leur cœur, ils ont armé le Druze contre l'Arabe, ils ont encouragé le Chiite à combattre le Sunnite, ils ont excité le Kurde à égorger le Bédouin, et ils ont encouragé le musulman à s'opposer au chrétien ».

Dès le début du siècle, Gibran prit conscience de la question du féodalisme et du confessionnalisme au

Liban, après avoir étudié les conflits sanglants de 1845 et 1860. Il comprit que l'avenir du pays dépendait de la manière dont ses fils allaient affronter le problème et le résoudre. Il savait que l'attitude qui consiste à s'en désintéresser ou s'en accommoder entraînerait encore plus de guerres civiles et plus de discordes, de divisions et de destructions. À certains moments, quand le désespoir gonflait son cœur, lui-même était partagé quant à l'attitude à adopter à l'égard de ses compatriotes libanais et des fils de l'Orient en général, sur qui il avait fondé l'espoir de changements. Il exprimait alors ses désillusions sur un ton cinglant et dur : « C'est ainsi que les nations orientales se sont livrées à ceux dont les âmes sont distordues et les mœurs délétères, elles reculent donc et tombent très bas. Le siècle s'écoule et les foule au pied de la manière dont les marteaux métalliques brisent les pots d'argile. » En observant sa société, Gibran maintenait une distance dans son regard en prenant comme point de comparaison les transformations immenses que vivait l'Occident, et en particulier la société américaine, et en s'appuyant sur les idées nées du siècle des Lumières et de la Révolution française.

Celles-ci fournirent à Gibran le cadre de pensée pour développer ses idées sur la religion. Dans *Le Prophète*, après que l'Élu a parlé de l'amitié, du mariage, des enfants, du travail, de la liberté, de la souffrance, un vieux prêtre l'interroge sur la religion, et il répond : « Ai-je donc parlé aujourd'hui d'autre chose que de religion ? La religion n'est-elle pas l'ensemble des actions et des contemplations qu'il y a dans la vie [12] ? »

Cette conception idéale de la religion en fait « tout ce qu'il y a dans la vie » et elle l'élève au sens le plus pur. Ici, la religion est conçue comme élévation et liberté, et non comme défection et soumission, elle est conçue comme mouvement, soulèvement, respect de l'autre, dépassement de soi, et non comme immobilisme, justification de l'injustice, rejet de l'autre et dérobade. C'est l'appel à réaliser l'humanité en l'homme, car les appartenances religieuses, quelles que soient leurs divergences et leurs oppositions, visent finalement le même objectif. L'unité de cet objectif est clairement affirmée par Gibran : « Chaque graine que l'automne jette à la surface de la terre a sa propre manière de séparer sa coque de son noyau. Mais quelque différents que soient les moyens, l'objectif des graines est le même, c'est de s'élever face au soleil [13] ».

N'y a-t-il pas ici un appel à pratiquer l'expérience religieuse d'une manière spirituelle et humaine, plutôt que d'une manière matérialiste et utilitaire comme ce fut le cas dans la récente guerre du Liban, où l'exercice de la religion était devenu synonyme de rejet et de haine, autant que d'aggravation des dissensions, au lieu de transformer les différences en autant de sources de richesse culturelle, en favorisant l'interaction entre elles ?

C'est dans ce contexte également qu'il convient d'appréhender le point de vue de Gibran sur le Christ. Dans la plupart de ses ouvrages, l'écrivain se montre intéressé par la personnalité du Christ, notamment dans *Jésus, Fils de l'homme*. Dans ce livre, Gibran présente une vision complète du Christ, laquelle est forgée de l'extérieur de la conception ecclésiale. S'il s'appuie fréquemment sur les Évangiles pour replacer le Christ dans son contexte historique, il n'en reste pas moins qu'il lui façonne un autre visage et ne le tient pas pour un dieu incarné, mais plutôt pour un homme qui a suivi le chemin divin, un grand poète, en somme, qui a appelé à l'amour, à la justice et à la liberté.

Ici, nous entendons Marie Madeleine décrire la beauté de Jésus et la splendeur de son apparence physique. « Je l'ai regardé longuement et j'ai tremblé jusque dans mes entrailles tant il était beau. Son corps était éblouissant de justesse, ses membres si harmonieux, que j'eus l'impression que chacun était épris de l'autre [14] ». Ailleurs, elle décrit sa démarche : « Il ne marchait pas. Il était lui-même une route au-dessus de la route [15] ». Dans son livre *Sand and Foam* (Le sable et l'écume), il développe la même idée que dans *Jésus, Fils de l'homme*, en soutenant que Jésus avait réalisé trois miracles qui n'ont pas été décrits dans les Écritures : le premier est qu'il « était un homme comme vous et moi [16] ».

La vision qu'avait Gibran de Jésus comme être modèle, matérialisation de l'idéalisme extrême, se situe dans le prolongement de quelques ouvrages du XIXe siècle, notamment ceux du penseur français Ernest Renan sur le Christ [17]. Cette vision a pour lointaine origine l'arianisme que le christianisme avait combattu au IVe siècle de notre ère. Cette doctrine tenait le Christ pour le modèle le plus élevé dans l'ordre humain, sans lui reconnaître pour autant quelque nature divine que ce soit. En réponse à cette doctrine, l'Église avait réaffirmé la divinité du Fils, pleinement divin et pleinement humain, et elle avait confirmé qu'il est l'égal du Père en essence. Mais malgré l'extinction de l'Arianisme, il en subsista des traces, et certaines interprétations du Christ, transmises jusqu'à nos jours, continuent de prôner la même position. Au cours de la dernière décennie, quelques prêtres et écrivains séparés de l'Église la reprirent à leur compte.

Le Christ de Gibran se situe dans le cadre de cette vision. C'est un Christ sorti du christianisme de l'Église pour embrasser le christianisme non doctrinal de l'homme. C'est dans la suite logique de cette vision qu'il faut comprendre l'aspiration de Gibran à l'unité des religions, car, ainsi qu'il le dit, il n'est pas possible d'atteindre cette unité, s'il n'existe pas une religion transcendante, ouverte et dépassant les frontières doctrinales de chacune. Cette conception de la religion distingue Gibran comme l'un des plus significatifs des réformateurs de la Nahda, la renaissance culturelle arabe qui débuta à la fin du siècle dernier. Il s'agit en réalité d'une conception de l'homme et de ses relations avec l'Univers, comme il l'exprime de façon éclatante dans un texte intitulé « Dieu » dans son livre *Le Fou*. Dans ce texte, Gibran entretient un dialogue avec Dieu et nul obstacle ne les sépare désormais dans la mesure où ils croissent ensemble « à la face du soleil [18] ». On trouve aussi dans ce texte « une négation totale de la relation traditionnelle entre Dieu et l'homme, et la fondation d'une nouvelle relation [19] ». Le chemin qui y mène est la folie, la folie en tant que coupure avec ce qui existe et rejet des traditions, destruction du passé et dévoilement de l'avenir…

Ici, la folie est un vent impétueux qui abat tout sur son passage sans retenir ni vouloir s'encombrer de la tradition. Elle considère les destructions comme le départ d'une nouvelle fondation. La personnalité du fou est présente avec force dans l'œuvre de Gibran et occupe une grande place dans sa réflexion. Chez Gibran, le fou est synonyme de celui qui jette à bas les valeurs et les traditions obsolètes et héritées du passé, et qui ne se préoccupe pas des conséquences des positions fermes qu'il adopte. C'est lui-même qui déclare dans la nouvelle *Youhanna le fou* que « le fou c'est celui qui ose dire la vérité [20] ». Et à l'époque où il composait *Le Fou*, il écrivait à Mary Haskell une lettre dans laquelle il lui parlait de son fou : « Je recours à lui chaque fois que je suis malade ou fatigué. Il est mon unique arme en ce monde armé d'étrange façon [21] ». C'est ainsi que la folie apparaît comme une forme d'affrontement, d'adhésion, d'étonnement et, paradoxalement, de certitude spirituelle.

Le fou est nécessairement « crucifié », car il est déchiré entre sa volonté de changement et les oppositions qu'il rencontre pour mettre en œuvre ce changement. Dans un texte intitulé « Le crucifié », Gibran écrit : « Je n'expie pas un péché, je ne cherche pas le sacrifice et je ne vise pas la gloire. Je n'ai rien à pardonner à personne, mais je suis plein de soif, et je fais couler mon sang comme une boisson. Or y a-t-il une autre boisson que le sang pour faire calmer la soif du fou [22] ? ». Cet accent mystique laisse entrevoir que rien ne peut entraver la marche du fou et son aspiration au changement.

Gibran alla au-delà dans son refus, en traitant également de la condition de la femme. C'est ce qui apparaît dans un certain nombre de textes où la femme est décrite sous un jour de faiblesse, d'humiliation, d'aliénation, de domination et de mépris. Dans son œuvre littéraire, les femmes sont malheureuses, mariées à quelqu'un qu'elles n'aiment pas, meurtries dans leur âme, à la fois victimes des traditions et révoltées contre elles. Dans *Les Ailes brisées*,

Salma lève la tête vers le ciel comme Job dans la Bible, et elle s'écrie : « Seigneur ! Qu'a donc fait la femme pour mériter Ton courroux ? En quoi a-t-elle péché pour que Ta malédiction la poursuive jusqu'à la fin des temps ? A-t-elle commis quelque crime à l'horreur infinie pour que Ton châtiment s'abatte sur elle sans fin ? Tu es fort, Seigneur, et elle est faible, pourquoi dès lors l'accables-Tu de souffrances [23] ? ».

Sur la relation de la femme avec l'homme, Gibran écrit : « La civilisation contemporaine a permis à la femme de développer un peu ses facultés, mais elle a aggravé ses souffrances en généralisant les convoitises de l'homme [24] ». Et ailleurs : « L'homme achète la gloire, la puissance et le prestige, mais c'est la femme qui en verse le prix [25] ».

Dans le récit intitulé « Martha la Bannaise », parue dans *Les Nymphes des prairies*, Gibran raconte l'histoire d'une fille trompée par un homme riche, puis délaissée et devenue la proie du péché, de l'humiliation et de la douleur. Gibran prend la défense de la femme même quand elle chute. Le regard qu'il porte sur elle est proche de la position du Christ à l'égard du pécheur, telle qu'elle apparaît dans les Évangiles : « Tu es opprimée, Martha, écrit Gibran, et ton oppresseur est le fils des palais, détenteur d'une grande fortune et d'une âme mesquine (…). Tu es la fleur écrasée sous les pas de l'animal que tout homme cache en lui. Ces talons t'ont durement foulée, mais ils n'ont pu empêcher ton parfum de s'élever avec les lamentations des veuves, les cris des orphelins et les gémissements des pauvres vers le ciel, source de justice et de miséricorde. Console-toi, Martha, car il vaut mieux être une fleur écrasée qu'un pied qui écrase [26] ! ».

Dans la première histoire du livre *Les Ailes brisées*, intitulée « Warda al-Hani », l'héroïne quitte le palais, les bijoux et les serviteurs, dès qu'elle entend l'appel de l'amour. Elle quitte le vieillard fortuné et s'en va vivre avec un homme pauvre qu'elle aime. Dans le conte « Le lit de la mariée », Gibran raconte l'histoire d'un amour déçu qui s'achève par l'assassinat de l'amant et par le suicide de l'amoureuse. C'est l'histoire d'une femme qui a quitté son mari la nuit des noces et qui part à la rencontre de celui qu'elle aime ; elle le poignarde et se tue de désespoir. Au moment de rendre l'âme, son amant lui dit : « La vie est plus faible que la mort, et la mort est plus faible que l'amour [27] ».

Après avoir longuement décrit les malheurs de la femme, Gibran se penche sur son cœur : « Le cœur de la femme ne change pas avec le temps et il ne se transforme pas avec les saisons. Le cœur de la femme saigne longuement, mais il ne meurt pas. Le cœur de la femme ressemble à une prairie que l'homme prend pour aire de combats et de massacres, car il arrache ses arbres, brûle ses herbes, souille ses rochers avec du sang et plante dans sa terre les os et les squelettes, mais elle demeure calme, tranquille, sereine, et en elle le printemps reste un printemps et l'automne un automne, jusqu'à la fin des temps [28]… ».

En étudiant la situation de la femme, Gibran ne fait pas abstraction du contexte social. Quand il décrit l'oppression dont elle souffre et qu'il dénonce la vision péjorative, le despotisme et la misère dont elle souffre, il replace la femme dans le contexte plus global de la réalité sociale. Et quand il appelle à sa libération du servage, il lutte pour la libération de l'homme en général. De la même manière, Gibran met en relation la situation de la femme et l'état de la Nation quand il s'interroge : « La femme faible n'est-elle pas le symbole de la Nation malheureuse ? La femme qui souffre d'être tiraillée entre les penchants de son âme et les contraintes de son corps n'est-elle pas semblable à la Nation souffrante écartelée entre ses dirigeants et ses clercs ? Les sentiments secrets qui emportent les belles filles vers l'obscurité des tombes ne sont-ils pas comme les tempêtes violentes qui recouvrent de sable la vie des peuples [29] ? ».

Les idées de Gibran sur la femme se situent dans la continuité de celles que développait Qassem Amin [30] à la fin du siècle dernier, dans *La Libération de la femme* et *La Femme nouvelle*. Gibran liait la situation de la femme à la décadence de la Nation, et il considérait que la promotion de la femme et sa libération étaient la condition nécessaire de la libération de la Nation et de son développement, et que le projet de renaissance ne pouvait qu'être total et exhaustif.

Il est vrai que Gibran ne procède pas à une analyse scientifique des courants religieux et laïques et qu'il n'étudie pas les conséquences des changements sociaux dans notre histoire contemporaine, dont quelques-unes perdurent jusqu'à nos jours. Cependant, sa position sur diverses questions, développée en particulier dans ses écrits arabes, est claire et tranchante. Il s'agit, comme on l'a vu, d'une défense de la justice, de la liberté et de la science, contre l'esclavage, le servage et la fable.

Mais l'apport de Gibran s'affirme capital au vu de la régression générale qu'ont connue depuis les société arabes, et qui a touché, entre autres, l'attitude à l'égard de la femme. Cette régression a frappé quelques-uns des rares acquis du mouvement féminin jusqu'aux années soixante de ce siècle, présents dans les thèses soutenues par Qassem Amin, Houda Chaarawi, et d'autres auteurs. Elle est la conséquence de la montée du fondamentalisme, de l'accroissement du fanatisme et du rigorisme religieux, ainsi que du déclin général que connaît le monde arabe.

La troisième des questions est la langue. Il s'agit de l'un des thèmes fondamentaux traités également par Gibran, et dont on continue de débattre aujourd'hui. Gibran avait pris conscience de l'importance de la langue dans les sociétés arabes. Il avait compris que l'appréhension de ce rôle ne peut se faire sans prendre en compte la totalité de la réalité culturelle et sociale. C'est ce qu'il exprime dans son article « L'avenir de la langue arabe [31] ». Il soutient d'abord que l'avenir de la langue arabe dépend de celui de la pensée créatrice. Si cette pensée existait dans le monde arabe, l'avenir de la langue arabe serait immense comme l'a été son passé, et si elle n'existait pas, son avenir serait comparable à la situation présente des langues de la même famille, comme le syriaque et l'hébreu. La langue arabe n'aura également aucun avenir, selon lui, si elle ne parvient pas à intégrer l'influence de la civilisation européenne et de l'esprit occidental, et si elle ne sait pas comment en extraire ce qui serait bénéfique à son propre développement. Ici, l'allusion est claire aux types de relations entre l'Orient et l'Occident et à la manière de se comporter vis-à-vis de l'autre, et de dialoguer avec lui sur la base d'une interaction et non d'une réaction affective et, généralement, négative.

Gibran avait mis le doigt sur une question qui demeure essentielle dans les sociétés arabes contemporaines, et au Liban en particulier. Il écrit : « La diffusion de la langue arabe n'est pas généralisée dans les écoles supérieures et élémentaires au point de leur conférer une teinte nationaliste pure ; et la langue arabe ne sera pas utilisée pour enseigner toutes les sciences de façon à permettre que les écoles passent des mains des associations de bienfaisance, des comités confessionnels et des missions religieuses à celles des gouvernements locaux... Cela ne se fera pas avant que chacun de nous ne soit devenu le fils d'une seule nation plutôt que de deux nations opposées [32] ».

Quant à la relation entre la langue arabe littéraire et les différents dialectes, et la question de savoir si la première allait l'emporter sur les seconds, Gibran tient lesdits dialectes pour « la source de ce que nous appelons le langage littéraire [33] ». Et « comme toute chose, les langues obéissent à la règle la plus adaptée à leur processus créateur interne [34] ». Il considérait également que c'était le grand poète qui était capable de ranimer la langue, parce qu'il est l'intermédiaire entre la force créatrice et l'homme. C'est ce qui s'est produit, par exemple, avec la langue italienne, selon Gibran. La langue italienne moderne était un parler populaire du Moyen Âge. Mais quand Dante et d'autres poètes de génie se mirent à composer dans cette langue leurs poèmes et leurs épopées, ce parler devint la langue littéraire italienne [35].

À partir de son appréhension de la langue, Gibran développe sa vision de l'influence et du rôle de l'école et de la politique d'enseignement. Il conviendrait à ce sujet de nous poser aujourd'hui la question suivante : l'école n'a-t-elle pas joué un rôle décisif dans la dernière guerre libanaise ? N'a-t-elle pas suscité des positions politiques divergentes, des appartenances nationalistes différentes, des tendances opposées et des engagements antagonistes ? Chaque école n'a-t-elle pas enseigné une histoire et des valeurs différentes ?

Outre la question de l'enseignement, Gibran avait saisi toute la portée de la relation entre l'écrivain et la langue, et plus particulièrement entre sa propre personne et la langue. Il cherchait à exprimer les choses d'une manière nouvelle et différente. C'est ce qu'il explique à Mary Haskell : « Les méthodes anciennes n'exprimaient pas mes nouveaux objets. C'est ainsi que je travaillais toujours à ce qu'il fallait exprimer et je ne me contentais pas de construire de nouvelles expressions. Je devais trouver de nouvelles formes pour de nouvelles idées [36] ». C'est là que réside le sens de son projet de changement au sein de la langue et de la littérature arabes (la question reste posée à propos des moyens avec lesquels il a matérialisé son projet), et de son aspiration puissante à toujours réaliser le meilleur. « Je voudrais être aimé pour les choses que je n'ai pas réalisées encore », écrit-il à Mary Haskell [37].

Gibran sait que son obsession est esthétique en premier lieu. C'est ce que lui-même relève : « Je ne suis pas un penseur : je suis un créateur de formes [38] ». De là son intérêt pour le changement et l'avenir. Comme nous l'avons souligné, il était l'ennemi des traditions et du retour au passé. Il écrit à Mary Haskell : « Je ne sais s'il me sera possible de provoquer l'intérêt de ceux-là qui adorent les anciens dieux, se soumettent aux vieilles idées et vivent des désirs anciens [39] ». Il a conscience de s'adresser à ceux qui sont capables de se libérer de toutes les entraves du passé, et ceux-là sont, à ses dires, les plus forts de tous.

Quand Gibran arriva à Boston, en 1895, puis quelques années plus tard à New York, l'Amérique subissait d'immenses mutations économiques, sociales et culturelles. Elle constituait le modèle du progrès industriel et de la performance technologique. Il vécut une situation similaire en venant à Paris en 1908 dans le but de parfaire sa connaissance des arts plastiques. La capitale française vivait à l'époque une grande effervescence culturelle, artistique et littéraire, laquelle constituait un prolongement de la modernité créatrice vécue par l'Occident au cours du XIXe siècle. Il convient de relever ici que cette modernité créatrice dans la littérature et les arts allait de pair avec une révolution réelle dans de nombreux domaines, ceux de la pensée, en général, de la philosophie, de la technique ou de la technologie. Mais lorsqu'on lit la production littéraire de Gibran et que l'on examine ses œuvres artistiques, l'on est en droit de douter de son ouverture à ces tentatives littéraires et du degré d'influence qu'il aurait subie. En effet, il ne semble pas que Gibran se soit intéressé

Khalil Gibran (en bas, second à gauche)
dans l'atelier de Marcel Béronneau à Paris en 1909
© Comité national Gibran

de près aux nouvelles expériences artistiques dont l'Occident était, à l'époque, le théâtre. Au contraire, il adopta parfois des positions hostiles à leur égard, considérant qu'elles ne constituaient que des expériences éphémères qui n'affectaient pas l'essence de l'art. C'est ce qui apparaît dans le *Journal* de Mary Haskell et dans quelques lettres que Gibran lui a adressées, de même que dans les souvenirs rapportés par son ami, le sculpteur Youssef al-Howayek, sur son séjour à Paris [40]. Gibran préféra se cantonner au cadre de l'art classique du siècle précédent, héritier de la Renaissance italienne. Et il croyait fermement à la pérennité de cet art, soutenant que les autres formes artistiques péricliteraient avec le temps. C'est ce qui explique ses affinités avec des artistes tels que William Blake, Carrière, Odilon Redon, Auguste Rodin, Puvis de Chavanne, etc.

Cependant, le peu d'intérêt porté par Gibran aux nouvelles expériences artistiques lancées par les peintres de cette époque, ne l'a pas empêché d'accorder une attention particulière à la réalité de ces sociétés qui privilégient la matière et qui « avance sur des roues ». Quant à son attitude à l'égard de la société industrielle et de la domination de la machine, elle s'exprime dans un inédit (qui se trouve au Musée Gibran à Bécharré, et que nous publions ici pour la première fois). Dans ce texte, Gibran critique la manière exagérée d'interpréter tous les problèmes, y compris les questions spirituelles, selon des automatismes obligés et en recourant au modèle mathématique.

Mais la critique qu'il fait de la prédominance du langage mécanique dans l'analyse des choses de la vie contemporaine n'entraîne pas, chez lui, un rejet de tout ce que son siècle et son environnement ont produit et un repli nostalgique sur le passé. Elle n'implique pas pour lui l'idée que celui qui travaille dans les beaux-arts soit forcément opposé aux choses pratiques et rejette les machines et les mathématiques. Gibran « croit à l'unité de la vie [41] ». Il écrit à ce sujet : « Je crois au bruit des machines métalliques autant qu'au chant du merle dans une forêt isolée au milieu des collines.

Je crois aux sciences expérimentales fondées sur l'induction sensible autant qu'aux rayons invisibles qui touchent nos âmes nous poussant à composer une poésie, à fredonner une chanson ou à dessiner une image.

Je crois aux mathématiques — et j'enlace leur corps froid — autant que je crois aux convois de rêves qui défilent pendant que nous sommes réveillés [42] ».

Chez Gibran, cette foi vient, selon ses dires, de ce qu'il est nécessaire de rejeter l'idée que « l'arbre de la vie ne donne qu'un seul fruit [43] ».

Lors d'une cérémonie organisée aux États-Unis en 1920, en hommage à Tagore, une dispute éclata entre

Gibran et Tagore au sujet de l'Amérique. Le poète indien en avait brossé un tableau négatif, la décrivant comme un pays avide et matérialiste. Gibran lui répondit en soutenant que l'âme est susceptible de se matérialiser dans la machine, et que la matière et l'esprit ne sont pas nécessairement opposés, car l'âme se trouve dans la totalité de la vie et dans toutes choses [44]. Cette position de Gibran, de même que l'attitude qu'il adopte sur sa relation avec l'Occident telle qu'elle s'exprime dans son article « L'avenir de la langue arabe », constituent le point de départ pour un dialogue culturel entre l'Orient et l'Occident, entièrement libre de préjugés.

Ce qui distingue Gibran dans sa production, ses positions et ses idées, c'est, comme nous l'avons indiqué, son insistance sur l'homme dans sa relation avec soi-même, avec l'Autre et avec l'Univers, à partir d'une vision humaniste dépouillée. Il se tient au-dessus des fanatismes religieux et nationalistes et au-dessus des appartenances étriquées. Il prend la défense de tout ce qui permet d'ouvrir des perspectives et d'élargir les champs de vision. Il soutient l'idée de l'unité de l'homme et de la nature, idée dont l'écho se trouve chez Bouddha et dans la culture indienne antérieure à la découverte de l'Amérique par Christophe Colomb. Et rien n'exprime mieux la relation de Gibran avec la nature et ses éléments que son expression prononcée une fois devant Barbara Young, à l'époque où il rédigeait son livre *Le Jardin du prophète* : « Cette terre créée, dont il n'y a nul exemple, est issue du rêve le plus grand que Dieu ait jamais eu. Tout ce qui pousse sur cette terre brune, chaque racine, chaque arbre, chaque branche, chaque bourgeon, chaque fruit, chaque plante, tous sont mes enfants et elle est ce que j'aime [45] ».

Quelque divergents que soient les points de vue sur la production littéraire et artistique de Gibran, il n'en reste pas moins que l'auteur du *Prophète* demeure à nos yeux un pionnier et un novateur. De même, ses positions à l'égard de certaines questions, dont celles qui ont été évoquées ici, restent actuelles ; elles comportent une réponse aux siècles d'extrémisme et d'obscurantisme qui continuent de sévir dans une partie du monde d'aujourd'hui. C'est ainsi que l'expérience de Gibran représente encore, outre une ouverture sur le monde, une étape décisive dans l'histoire de la culture arabe moderne, étape que d'autres sont venus après lui soutenir et nourrir d'énergies nouvelles. Des créateurs ne cessèrent de faire don d'eux-mêmes face aux luttes politiques graves et aux guerres incessantes, et continuèrent d'exprimer l'âme profonde de leur peuple, confirmant à travers l'écriture et l'art leur appartenance à ce qui fait que la vie mérite d'être vécue.

Paris, août 1998
Issa Makhlouf, écrivain. A notamment publié *Égarements* (trad. de l'arabe et illustré de six gravures originales d'Assadour), éd. André Biren, Paris, 1993.

Notes

1 Antoine Ghattas Karam, *Malamih al-adab al-'arabi al-hadith* (*Aspects de la littérature arabe moderne*), dar an-Nahar, Beyrouth, 1980, pp. 18-21. *La Vie et l'œuvre littéraire de Gibran Khalil Gibran*, Beyrouth, dar an-Nahar, 1981, p. 241.
2 *Le Prophète*, in *Œuvres complètes* (en arabe), dar Gibran – éd. Sader, Beyrouth, 1981, p.3.
3 Ounsi El-Hage, *Kalimat, Kalimat, Kalimat*, dar an-Nahar, 1987, p.1157.
4 *Jésus, Fils de l'homme*, in *Œuvres complètes*, p. 22.
5 Youmna al-'Id, *Al-Dalalat al-ijtima'iyya li-harakat al-adab al-roumantiqi fi Lubnan (entre les deux guerres mondiales)*, dar al-Farabi, Beyrouth, 1979, pp. 11-63.
6 *Les Nymphes des prairies*, in *Œuvres complètes*, p. 37.
7 *Les Âmes révoltées*, in *Œuvres complètes*, p. 29.
8 *Les Nymphes des prairies*, in *Œuvres complètes*, p. 33.
9 *Les Âmes révoltées*, in *Œuvres complètes*, p. 56.
10 *Ibid.*, p. 64.
11 *Ibid.*, p. 48.
12 *Le Prophète*, p. 57.
13 *Iram dhat al-'Imad*, in *Œuvres complètes*, pp. 69-70.
14 *Jésus, Fils de l'homme*, in *Œuvres complètes*, p. 12.
15 *Ibid.*, p.85.
16 *Le sable et l'écume*, in *Œuvres complètes*, p. 55.
17 Voir *Vie de Jésus* d'Ernest Renan, coll. Folio, Gallimard.
18 *Le Fou*, in *Œuvres complètes*, p. 4.
19 Adonis, *Al-Thabit wa l-mutahawwil : sadmat al-hadathat ; Gibran Khalil Gibran aw al-hadathat/al-ru'yat*, dar al-Saqi, 7ᵉ éd., Beyrouth-Londres, 1994, p. 155.
20 *Youhanna le fou*, in *Œuvres complètes*, p. 33.
21 Toufiq Sayigh, *Adwa' jadida 'ala-Gibran*, éd. Riyad al-Rayess, 2ᵉ éd., Londres, 1990, p. 283.
22 *Le Fou*, in *Œuvres complètes*, p. 32.
23 *Les Ailes brisées*, in *Œuvres complètes*, p. 38.
24 *Ibid.*, p. 41.
25 *Ibid.*, p. 56.
26 *Les Nymphes des prairies*, in *Œuvres complètes*, p. 23.
27 *Les Âmes révoltées*, in *Œuvres complètes*, p. 36.
28 *Les Ailes brisées*, in *Œuvres complètes*, p. 35.
29 *Ibid.*, p. 44.
30 Voir à ce sujet, *Al-Mar'at, al-taharrur, al-Ibda' (Qasim Amin : fikr al-anwar)* de Khalida Saïd ; éd. Du Fennec, Casablanca, 1991.
31 *Al-Bada'i' wa l-tara'if (Merveilles et curiosités)*, in *Œuvres complètes*, pp. 43-52.
32 *Ibid.*, pp. 45-47.
33 *Ibid.*, p. 47.
34 *Ibid.*, p. 47.
35 *Ibid.*, p. 48.
36 *Aperçus nouveaux sur Gibran*, p. 291.
37 *Ibid.*, p. 293.
38 *Ibid.*, p. 294.
39 *Ibid.*, p. 295.
40 *Dhikrayati ma' Gibran* (1909-1910), Youssef al-Howayek édité par Edwick Jraydini Chayboub, éd. Naufal, 2ᵉ éd., Beyrouth, 1979.
41 Manuscrit publié ici pour la première fois, en possession du Musée Gibran à Bécharré (Liban).
42 *Ibid*.
43 *Ibid*.
44 *Aperçus nouveaux sur Gibran*.
45 Voir *This Man from Lebanon*, de Barbara Young, éd. Alfred Knopf, New York, 1931.

Un plan plus élevé : les vies de Khalil Gibran et de Mary Haskell
Tania Sammons

On est unanime à reconnaître que les messages universels de l'art et de la littérature de Khalil Gibran résonnent sur une fréquence spirituelle. S'adressant à l'âme, son œuvre nourrit l'esprit de l'humanité dans sa quête constante. Si nombreux que soient les événements et les individus qui ont influencé Khalil Gibran, c'est une femme, Mary Haskell Minis, qui eut sur lui le plus grand impact. En tant que mécène, elle lui donna espoir et liberté ; en tant que professeur et directeur littéraire, elle lui donna intuition, honnêteté, ainsi qu'une compréhension approfondie de la langue anglaise ; en tant qu'amie, elle lui donna affection, encouragement, et une foi inébranlable en ses capacités. En retour, Khalil offrit à Mary affection, encouragement et confiance en ses facultés de professeur et d'humaniste. Ensemble, Khalil Gibran et Mary Haskell nouèrent un lien indestructible qui devait transcender la mort.

Khalil Gibran et Mary Haskell se rencontrèrent lors du vernissage de la première exposition de Gibran, à l'atelier du photographe et éditeur Fred Holland Day, à Boston, en 1904. Mary fut à ce point impressionnée par le talent de Gibran qu'elle l'invita à exposer dans son école de jeunes filles, espérant faire découvrir à ses élèves l'œuvre d'un artiste naissant. Peu de temps après, Mary invita Khalil à l'accompagner à des dîners, le présenta à des amis et lui apporta son soutien financier. À mesure que leur relation personnelle évoluait lentement, ils nouèrent un lien fondé sur leur philosophie commune de l'existence et de la religion. C'est ainsi qu'ils renoncèrent tous deux très jeunes à leur éducation chrétienne traditionnelle. En 1897, Khalil annonça à Day : « Je ne suis plus catholique. Je suis païen [1]. » Trois ans plus tôt, en 1894, Mary confia à une amie qu'elle « n'était plus une chrétienne évangélisée orthodoxe [2] ». En outre, Khalil et Mary n'étaient pas chez eux dans la région de Nouvelle-Angleterre. Les racines sudistes de Mary et son probable accent semblaient peut-être exotiques, mais familiers, au jeune Libanais, qui se sentait souvent étranger parmi l'élite de Boston.

En 1908, Mary envoya Khalil étudier la peinture à Paris. Remportant un certain succès, Gibran participa à plusieurs concours, exposa à la Société nationale des beaux-arts, et fut invité à présenter ses tableaux à l'Union internationale des beaux-arts et des lettres. Cette expérience inestimable donna à Khalil une base académique sur laquelle il bâtit sa carrière de peintre.

À son retour aux États-Unis, en 1910, Khalil, à l'âge de vingt-sept ans, déclara son amour à Mary et promit de l'épouser. Après avoir éconduit de nombreux

Autoportrait au musée [p. 62]

Autoportrait and Mary Haskell (recto-verso), 1910
Crayon sur papier, 55,8 x 46,9 cm
Don de Mary Haskell Minis, 1950
© Telfair Museum of Art, Savannah

Mary Haskell, 1908
Fusain sur papier, 40 x 30,4 cm
Don de Mary Haskell Minis, 1950
© Telfair Museum of Art, Savannah

prétendants dans le passé, Mary, à l'âge de trente-sept ans, heureuse et amoureuse, accepta. Leurs fiançailles furent cependant éphémères, car Mary souffrait de leur différence d'âge et pensait que leur mariage nuirait à sa carrière de peintre. Dans l'espoir de le dissuader, elle lui montra des photos d'elle-même qu'elle jugeait peu flatteuses. Son attitude n'entama en rien l'amour que lui vouait Khalil, mais celui-ci accepta de se plier à ses désirs. Outre les raisons qu'elle avançait, Mary était peut-être préoccupée par les conséquences d'un tel mariage sur sa propre carrière et sa famille ; mais c'est sans doute parce qu'elle ne s'estimait pas suffisamment désirable qu'elle prit cette décision définitive. Les deux amis évoquèrent souvent l'éventualité du mariage, mais aboutirent toujours à la même conclusion.

Malgré des hauts et des bas, Khalil et Mary restèrent amis intimes. Leur relation gagna en force, et ils se considéraient comme des âmes sœurs qui se connaissaient depuis plusieurs milliers d'années. Ils prenaient leurs décisions concernant leur existence en se fondant sur l'idée de leur « plus grand soi », par opposition à leur « plus petit soi », leur « soi égoïste ». « Ce qui est entre nous est comme l'absolu dans la Vie, écrit Gibran en 1915. Toi et moi, Mary, nous comprenons le plus grand soi l'un de l'autre ; et c'est pour moi la chose la plus merveilleuse de la vie[3]. » Leur lien intime allait au-delà de l'attirance physique et spirituelle. Ils œuvraient, conjointement, à l'amélioration l'un de l'autre et de la société, à travers l'art et la littérature de Gibran.

Mécontent du conservatisme de Boston, Khalil s'établit à New York en 1911, dans l'espoir d'accélérer sa carrière. Il finit par trouver un grand atelier dans le célèbre immeuble de la Dixième Rue. Mary continua de l'influencer et de le soutenir financièrement. En outre, elle l'encouragea à écrire et à penser en anglais, en le faisant lire à haute voix. Elle devint ensuite son « éditrice » lorsqu'il se mit à écrire en anglais. « Tu vois, Mary, écrit-il en 1917, je vais aussi à ton école, et je suis sûr que je n'aurais pas pu écrire un mot en anglais sans toi. Mais je dois apprendre beaucoup plus avant de pouvoir donner forme à mes pensées dans cette langue merveilleuse[4]. » Gibran publia par la suite huit livres en anglais, dont son plus célèbre, *Le Prophète*. Après la publication du *Prophète*, Mary fit une prédiction audacieuse, mais vrai. « Ce livre sera considéré comme l'un des trésors de la littérature anglaise [...]. C'est le livre le plus aimant jamais écrit. Et c'est parce que tu es le plus grand amant qui ait jamais écrit [...]. Beaucoup t'aimeront à mesure que les années passeront, bien longtemps après que ton corps sera poussière. Ils te trouveront dans ton œuvre. Car tu y es aussi visiblement que l'est Dieu[5]. » Ces quelques mots de louange et d'admiration dépeignent le lien qui unissait leurs deux esprits.

Mary discutait avec Gibran de ses idées tant pour ses écrits que ses dessins, et élaborait avec lui des stratégies pour vendre et exposer ses œuvres. Elle lui donnait également des conseils en matière de santé et s'intéressait à son mode de vie, veillait sur sa sœur à Boston pendant qu'il était à New York et, à partir de 1910, se sentit chargée de consigner le moindre aspect de son existence. Ce geste fut son ultime gage d'approbation. Alors qu'elle était encore étudiante à Wellesley, Mary comprit qu'un journal intime permettait de transmettre un message bien au-delà de la mort. Y.W. Higginson, chargé de cours à Wellesley, avait lu des extraits d'un journal qu'il avait tenu à l'occasion de voyages en Angleterre : « Il y rencontra Darwin et Tennyson, et je ne sais pas et n'ose pas dire qui d'autre de grand et de prestigieux, et il eut la sagesse de tenir un journal de tous ces événements honorables », écrit-elle dans son premier journal en 1894[6]. « Cela me donna l'idée d'écrire quelque chose qui puisse peut-être permettre, dans bien des années, de découvrir le cadre des habitudes, des circonstances et des idées de ma jeunesse, si jamais un auteur ou un chroniqueur devait chercher à connaître ce cadre », prédisait-elle[7]. En outre, elle encouragea une amie à tenir un journal sur sa vie avec son futur mari, un diplômé de Harvard qui entamait une carrière fascinante de journaliste à Londres. Ainsi, sa décision de tenir un journal exclusivement sur Gibran signifiait que Mary pensait que l'artiste était non seulement d'une importance personnelle pour elle, mais un individu digne d'une biographie contemporaine.

Comme Mary pour lui, Gibran était le confident et le conseiller de son amie. Pour son école, il conçut des emblèmes et des prix, et s'entretint avec elle de son enseignement et d'autres aspects de sa vie professionnelle. Dans le cours de littérature sur l'« âme du monde » de Mary, qui reposait sur des extraits du *Livre des morts* égyptien, de Job, d'Eschyle, de Sophocle, d'Euripide, du Coran, de Dante, de Shakespeare, de *Faust*, de Balzac, et de Nietzsche, d'Ibsen et de Whitman[8], les deux amis partageaient leurs idées et leurs auteurs de prédilection avec les élèves de Mary. Lorsqu'elle se sentait découragée par son travail, Khalil la consolait. En 1920, Mary lui écrivit, très inquiète par la situation qu'avaient fait naître dans son école plusieurs de ses dessins, dont *Mother of Heaven* (probablement le dessin intitulé *The Heavenly Mother* de la collection du Telfair Museum of Art). Une mère et plusieurs professeurs avaient conseillé à Mary d'enlever les dessins de nus de

The Heavenly Mother, d'après *Le Précurseur*, 1920
Crayon sur papier, 56,5 x 36,8 cm
Don de Mary Haskell Minis, 1950
© Telfair Museum of Art, Savannah

Gibran parce que « les images risquaient de mettre les jeunes filles mal à l'aise [9] ». Douloureusement, mais fidèle à ses idées progressistes, elle expliqua sa vision à Gibran :

« Mon sentiment sur les figures nues des dessins ici est que les jeunes filles ont beaucoup de chance de les avoir au milieu de personnes qu'elles aiment et qu'elles respectent. Leur présence enseigne qu'il n'y a rien de honteux dans la nudité ou dans le corps – et que ce n'est pas tabou entre personnes désirables – et que cela ne doit pas mettre les jeunes filles mal à l'aise. Les images rassurent en silence. Et si une jeune fille veut voir des corps nus, eh bien, qu'elle les voie ouvertement ici, et qu'on lui épargne la honte devant son désir. Si elle veut voir la nudité, le désir est-il à déplorer ? Il me semble que non. Pourquoi ne pas le satisfaire ? [...] L'inquiétude au sujet de l'effet de ces dessins sur les jeunes filles me semble faire partie de cette attitude très compliquée, craintive et lasse face à la vie que les gens me laissent constamment entr'apercevoir [10]. »

En réponse à ses interrogations, Khalil lui donna les conseils suivants : « La chose la plus sage et la plus gentille à faire est d'enlever des murs toutes les images qui offensent les jeunes filles et leurs mères [...] après tout, pourquoi cela devrait-il nous gêner, toi ou moi ? Il n'y a rien qui doive faire paraître les choses noires à tes yeux ou aux miens. Ce que sentent ou pensent les gens fait partie de la Vie, et toi et moi nous avons toujours accepté toute la Vie. La racine d'un arbre n'est pas inférieure à la branche la plus haute [11]. » Leurs lettres témoignent non seulement de leur profonde affection l'un pour l'autre, mais illustrent aussi leurs idées progressistes.

Khalil joua également un rôle important dans la décision de Mary de s'installer à Savannah après la mort de sa cousine Louise Gilmer Minis. Il l'encouragea à agir selon son cœur et à songer aux frustrations, en particulier à l'étroitesse d'esprit, auxquelles elle devait faire face à son école, en pesant ses choix.  En fin de compte, Mary pourrait être retournée dans le Sud parce qu'elle avait l'impression qu'on n'avait plus besoin d'elle à Boston. Outre ses déceptions à l'école, elle avait rempli ses engagements envers les autres artistes et chercheurs qu'elle soutenait et était sans doute prête pour un changement. De plus, la carrière de Gibran commençait à démarrer. Son livre le plus célèbre, *Le Prophète*, fut publié juste après qu'elle fut partie pour le Sud.

En 1923, Mary Haskell commença sa nouvelle vie à Savannah, comme compagne du mari de sa cousine disparue, Jacob Florance Minis. En 1926, ils se marièrent. Sachant que le temps à passer ensemble était

I have come down the ages [p. 134]

compté, Khalil assura Mary de sa dévotion en 1922 : « Je t'aimerai pour l'éternité. Je t'aimais longtemps avant que nous nous rencontrions en chair et en os. Je le savais quand je t'ai vue pour la première fois. C'était le destin [...] toi et moi avons une parenté ; fondamentalement, nous sommes semblables. Je veux que tu t'en souviennes toujours. Tu es la personne qui m'est le plus chère au monde. Cette parenté, cette intimité dans notre être spirituel, ne changerait pas même si tu devais te marier sept fois, avec sept autres hommes [12]. » Après son déménagement, Mary continua de travailler comme « éditrice » de Gibran, et l'aida même à résoudre ses difficultés financières. Leurs contacts étaient cependant limités, notamment en raison de la jalousie de Florance. Mary changea du reste les initiales de Gibran dans son journal, de « G » en « C.J. », car elle craignait que Florance ne lise son journal. Néanmoins, la séparation ne rompit pas les liens entre Khalil et Mary.

Outre le soutien qu'elle accordait à Gibran, Mary aida aussi d'autres jeunes hommes à poursuivre leurs études. Elle soutint ainsi Aristides Phoutrides, un immigré grec qui devint ensuite professeur d'humanités à Yale University, pendant toute la durée de ses études. Elle finança même ses études de doctorat à Harvard. Elle accorda également à un jeune immigré juif, Jacob Giller, l'aide financière qui lui permit d'ouvrir une librairie. Plusieurs femmes bénéficièrent à

leur tour de son appui, notamment Charlotte Teller, Emilie Michel et Barbara Young. L'auteur dramatique Charlotte Teller ne le cédait dans son affection qu'à son bien-aimé Khalil. Cette femme divorcée du Colorado était une féministe résolue. Ses enquêtes journalistiques et ses pièces avaient entre autres pour thème les mouvements sociaux progressistes, tels la Hull House de Jane Addams, les conflits du travail du Colorado, les *sweatshops* (ateliers où les employés étaient exploités) de Chicago, ainsi que diverses questions féministes.* En 1906, Mary écrivit quelques lignes dans un journal séparé abrégé à propos d'une rencontre avec Charlotte : « Parlé toute la journée avec Charlotte [...]. Traversé le pont avec C. Intrigue de son « Another Law » & « The Return of the Witch », de « Jeanne d'Arc ». Histoire de sa vie et de la mienne. Trouver notre centre [13]. » Malgré leurs liens intimes,

*Mary laissa 272 lettres qu'elle avait adressées à Charlotte Teller à la Southern Historical Collection de la University of North Carolina. Le nombre de lettres échangées entre les deux, et le nombre de fois où Charlotte est mentionnée dans le journal de Mary, témoigne de l'importance de leur amitié.

Charlotte Teller [p. 81]
Head of Emily Michel [p. 72]
Head of Micheline [p. 74]

les deux femmes se perdirent de vue au début des années 1920. Originaire de France, Emilie Michel, ou Micheline, ainsi qu'on l'appelait affectueusement, enseignait sa langue maternelle à l'école de Mary, alors qu'elle aspirait à être actrice. Mary la soutint tandis qu'elle poursuivait son rêve à New York. Malheureusement, sa tentative fut un échec, et obligea la jeune femme à revenir à l'enseignement. Quant à Barbara Young, la secrétaire de Gibran à sa mort, elle put, grâce au soutien financier de Mary, intervenir en son nom sur certaines questions liées à la succession de Gibran, puisqu'elle habitait New York. Bien que limité, ce soutien donna à Barbara la liberté d'écrire de la poésie ainsi qu'une biographie de Gibran.

Nombreux furent les protégés de Mary, mais Khalil Gibran demeura le plus cher. C'est aussi lui qui connut le plus grand succès. La générosité et l'attention constantes de Mary suscitèrent parfois des rivalités latentes entre les principaux bénéficiaires de ses largesses, notamment entre Khalil et Charlotte. Dans l'ensemble, toutefois, ils lui savaient gré de sa philanthropie. C'est du reste Charlotte qui la poussa à soutenir Jacob Giller. Khalil se disait lui aussi très heureux de la voir si généreuse. En 1913, elle nota dans son journal : « Quand j'ai dit à K. qu'au cours des sept dernières années j'avais dépensé près de 40 000 dollars, il me regarda d'un air aussi approbateur que si j'avais dit que j'avais amélioré l'esprit de l'homme – et me dit que c'était superbe [14]. » Loin de mener une vie de luxe, Mary économisait son argent en vivant de façon très simple, n'hésitant pas à supporter toutes sortes de privations. Elle pensait que « l'argent passe tout simplement entre nos mains ; c'est une responsabilité, non une possession [...]. La bonne relation avec l'argent, c'est de le mettre à bon usage [15]. » Même si elle connut une vie plus extravagante, avec voyages et réceptions, après son mariage avec J. Florance Minis à Savannah, elle ne renonça jamais à sa générosité. Fidèle à son vrai caractère, Mary se préoccupa ainsi du sort des domestiques de Minis et travailla avec des institutions culturelles, telle la Telfair Academy of Arts and Sciences (aujourd'hui devenue le Telfair Museum of Art).

Mary Haskell Minis contribua à la société en philanthrope silencieuse. Elle œuvra en coulisses, indirectement et personnellement. Comme la plupart des autres femmes de sa génération et de son statut social, sa façon discrète de donner était la norme, si bien que peu de gens étaient au courant de ses contributions à l'éducation, à la culture et aux causes sociales. Elle se sentait certes une responsabilité vis-à-vis de l'humanité, mais ses œuvres de bienfaisance ne lui en paraissaient pas moins mentalement et intellectuellement stimulantes, grâce, en grande partie, aux causes qu'elle choisit de défendre et au fait que ses protégés étaient en quête d'avancées créatrices et intellectuelles. À la différence d'autres mécènes, Mary non seulement soutenait financièrement des artistes, des chercheurs, des mouvements éducatifs et des causes sociales, mais elle participait aussi activement à leurs entreprises.

Mary Haskell, née en 1873, avait toujours connu dans son enfance les luttes et les conflits sociaux. Elle était l'un des dix enfants d'un officier confédéré de la Guerre civile américaine. Bien que sa famille eût retrouvé sa fortune au tournant du siècle, Mary apprit le courage, l'économie et la persévérance en ces temps difficiles, parfois dévastateurs, de la reconstruction dans les États du Sud. Née à Columbia, en Caroline du Sud, elle fit ses études au Wellesley College dans le Massachusetts et fonda ensuite un lycée privé de jeunes filles à Boston en 1902.

En tant qu'éducatrice progressiste, Mary donna à ses élèves une éducation libérale. Elle leur fit découvrir des expériences variées, qui illustraient la réalité sociale, et les emmenait visiter usines, hôpitaux et musées. En outre, elle faisait venir des personnalités, notamment des artistes et des écrivains, dans sa classe. Elizabeth Morgan, l'une des élèves de Mary Haskell, qui travailla ensuite à la National Gallery et dirigea le Smith College Museum of Art à Northampton, Massachusetts, garda d'elle le souvenir d'une femme qui encourageait ses élèves de manière subtile, mais efficace.

« Je me souviens si bien de ce matin quand nous sommes rentrés, c'était ma première année ; j'avais [entre] 10 [et] 13 ans. J'étais coiffée avec des nattes. Puis nous nous sommes assises sur de longs bancs. Miss Haskell est alors entrée comme sur un nuage, c'est la seule façon de le dire. Elle dégageait une espèce d'aura yeatsienne, avec son foulard autour du cou, et elle se mit à citer Yeats : " Je me lèverai, maintenant, et j'irai à Innesfree." C'était merveilleux, et nous étions assises au bord de nos chaises. C'était un grand spectacle, il n'y avait pas de musique, il n'y avait pas de prière officielle. Et puis elle dit ce qu'elle voulait dire très tranquillement et s'en alla. C'était une chapelle. Nous n'avions pas d'hymnes, nous n'avions pas de psaumes. Tout simplement : " Je me lèverai, et j'irai à Innesfree." C'est-à-dire se lever, s'élever et partir, aller à Innesfree. C'était vraiment incroyable, alors, et à y repenser. Elle fit sur nous une impression profonde. Il n'est jamais venu à l'idée d'aucune de nous de faire des bêtises. Nous étions sur un plan plus élevé... Elle nous guidait indirectement. Et nous faisions toutes des efforts terribles, nous n'étions pas en compétition l'une avec l'autre, nous rivalisions avec une espèce d'idée qui flottait dans l'air. C'est difficile à dire, mais elle la faisait passer. Et c'est pour cela que je pense que l'école fut un tel succès [16]. »

Mary non seulement impressionna ses élèves par sa présence fascinante et sa hauteur de vue, elle donnait aussi l'exemple. Cherchant toujours à s'améliorer et à améliorer les autres, elle s'efforça d'être fidèle à la devise de l'école : « Truth and Gentle Deeds [17] » (« Vérité et altruisme »).

Cherchant à atteindre un plan plus élevé, Mary Haskell se donnait constamment des défis à tous les niveaux. Physiquement, elle était très sportive. Elle passa de nombreux étés à randonner dans l'ouest des États-Unis. Elle faisait généralement ses expéditions avec un groupe écologiste, le Sierra Club ; il n'était cependant pas rare qu'elle marche et qu'elle campe seule. En 1914, alors qu'elle était à Yosemite, en Californie, elle écrivit à Khalil pour lui raconter l'un de ces voyages :

« C'est grand, doux et paisible, ces temps-ci, Khalil – émouvant et apaisant, naturel, merveilleux [...] ces arbres, ces rochers, le ciel et le bruit de la rivière, et les trois montagnes nues au pied desquelles nous sommes.* Nous sommes tout ce qu'on peut voir, à l'exception de quelques geais, une souris, un rat, un petit écureuil farouche – et beaucoup d'insectes. Parfois, des voix semblent monter du sentier en dessous – car je suis au bout d'une vallée. Là où les montagnes deviennent trop escarpées et les rapides trop grands, et où peu de gens montent pour pêcher ou simplement pour voir. Mais je ne les vois pas, ni ne suis vue [...]. Je vis dans les recoins d'une pile de rochers – comme les cinq doigts de la main. Nous imaginions ce genre de repaire pour les voleurs quand nous étions enfants. Une fois par jour, je le quitte – lorsque le soleil se couche, je descends en courant jusqu'à la rivière. Sous les rapides, elle s'élargit en un grand plan d'eau vive, mais sans courant de mon côté – et, directement du rocher, je me plonge jusqu'à la poitrine. Une douzaine de fois dans cette eau glacée, cela vaut une bonne marche – et puis je remplis mon seau et je remonte en courant. Il n'y a personne à proximité, si tard – alors je ne porte pas de vêtements, non plus – et cela aussi tient lieu d'exercice. Pour le petit déjeuner et le dîner, je cuisine ou fais réchauffer quelque chose. À midi, je tire quelque chose de mon sac – biscuits, fruits secs, chocolat [18].

La vie en plein air donnait à Mary la liberté d'échapper aux contraintes sociales et aux comportements qui s'imposaient à la plupart des femmes de son rang. Tenue par les mœurs du début du XXe siècle, elle abandonnait son mode de vie conventionnel pendant un bref moment d'innocence chaque été. Elle partagea les expériences de cette vie sauvage de l'Ouest avec Gibran, la seule personne qui la comprenait. Les idées avancées de Mary n'étaient pas sans parallèle avec la philosophie profonde de Gibran sur les relations entre toutes choses. Spirituellement,

---

* Compte tenu des expériences qu'elle a partagées avec Gibran, Mary lui écrit en utilisant la première personne du pluriel, comme s'il était avec elle lors de ces expéditions dans l'Ouest des États-Unis.

Mary rejetait son éducation chrétienne traditionnelle, mais continuait de croire en la responsabilité morale de l'individu. Ses croyances s'exprimaient au travers de l'éducation qu'elle donnait à ses élèves et de sa philanthropie. Ses idées sur Dieu et la religion furent également consignées tout au long de son journal et de sa correspondance avec Gibran.

Khalil Gibran mourut le vendredi 10 avril 1931. Amis pour toujours, Mary Haskell et Khalil Gibran avaient gardé un lien indestructible. Même après la mort de Khalil, Mary continua d'agir au nom de son ami bien-aimé. Les dernières volontés et le testament de Gibran indiquaient que les biens de son atelier devaient aller à Mary Haskell Minis, et tout le reste à sa sœur, Mariana. Face aux multiples obstacles – la distance séparant Savannah de New York, la réprobation de son mari, et la personnalité de la secrétaire de Gibran, Barbara Young –, Mary réussit pourtant à réaliser le rêve de Gibran : envoyer son œuvre artistique dans sa patrie à Bécharré, au Liban. Elle n'oublia pas non plus la contribution qu'il fit à sa patrie adoptive, aux États-Unis, et fit don de sa collection privée d'œuvres de Gibran à la Telfair Academy of Arts and Sciences à Savannah, en Géorgie. Les deux amis ont dû s'entretenir de cette donation, comme en témoigne cette lettre de Mary à Khalil en 1914 : « Et bien sûr je pense ensuite aux autres musées. Peut-être Boston-Chicago – et l'unique petite Telfair Gallery à Savannah, [Géorgie], pour lequel Gari Melchers choisit des œuvres [19]. » Outre la Telfair Academy, Mary légua des œuvres de Gibran au Boston Museum of Fine Arts, au Fogg Art Museum de Harvard, au Metropolitan Museum of Art, et au Newark Museum dans le New Jersey. En 1937, Mary expédia les documents et manuscrits de Gibran, récupérés dans son atelier, à Mariana. Au milieu du siècle, elle fit don de lettres qu'elle avait écrites à Gibran, avec ses journaux et des lettres de lui, à la Southern Historical Collection de la University of North Carolina. Leur histoire est désormais immortalisée pour la postérité.

Mary Haskell Minis vécut jusqu'à l'âge de quatre-vingt-onze ans, près de trente ans de plus que son mari, J. Florance Minis, qui était décédé en 1936. Héroïne méconnue, Mary avait rempli la mission qu'elle s'était donnée dans son journal en 1894 : « Ma vie est l'expression la plus vraie de moi-même. Par conséquent, ô femme, prends garde à tes actions, et prie que ta vie soit un orgue digne de l'univers de Dieu ; un orgue auquel est donné une fonction à remplir ou à négliger, suivant ta propre volonté. De même que ta vie est en accord ou en désaccord avec l'harmonie et le dessein de Dieu, tu contribueras à faire ou à anéantir le Cosmos [20]. »

Savannah, août 1998
Tania Sammons,
Chargée de collections au Telfair Museum of Art

1 Jean Gibran et Khalil Gibran, *Kahlil Gibran : His Life and World*, New York, Avenel Books, 1981, p. 57.
2 Archives familiales Minis n° 2725, volume 32, journal de Mary Haskell, 1894, p. 35. En l'absence d'autre indication, cette citation et toutes les autres proviennent des Archives familiales Minis n° 2725, Southern Historical Collection The University of North Carolina at Chapel Hill.
3 Virginia Hilu, *Beloved Prophet, The love letters of Kahlil Gibran and Mary Haskell and her Private Journal*, (New York : Alfred A. Knopf, 1972), p. 261.
4 *Gibran et Gibran*, p. 300.
5 Dossier 190, Mary Haskell à Khalil Gibran, 2 octobre 1923.
6 Volume 32, journal de Mary Haskell, 12 février 1894, p. 20.
7 Volume 32, journal de Mary Haskell, p. 5.
8 *Gibran et Gibran*, p. 222.
9 Dossier 188, Mary Haskell à Khalil Gibran, 10 octobre 1920.
10 *Ibid*.
11 Hilu, p. 355-6.
12 Volume 59, journal de Mary Haskell, 12 mars 1922.
13 Volume 37, journal quotidien abrégé de Mary Haskell, 2 décembre 1905.
14 Volume 40, journal de Mary Haskell, 20-21 mars 1913.
15 Volume 59, journal de Mary Haskell, 12 mars 1922.
16 Entretien personnel avec Elizabeth Morgan, novembre 1997.
17 *Ibid*.
18 Dossier 173, Mary Haskell à Khalil Gibran, 13 juillet 1914.
19 Dossier 175, Mary Haskell à Khalil Gibran, 20 novembre 1914.
20 Volume 32, journal de Mary Haskell, p. 6

Mary Haskell lors d'une expédition avec le Sierra Club, 1912
© Archives familiales Minis n° 2725, Southern Historical Collection,
The Library of the University of North Carolina at Chapel Hill

Autoportrait, 1908
Fusain et crayon sur papier, 27 x 20,5 cm
© Comité national Gibran

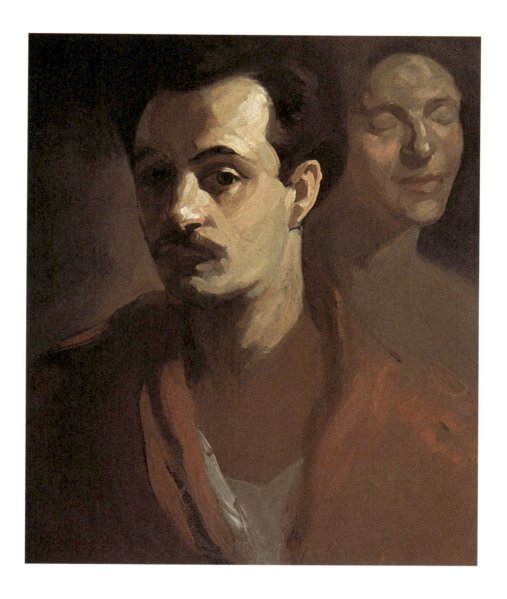

Autoportrait au musée, 1911
Huile sur toile, 53,5 x 44,5 cm
© Collection Kahlil Gibran

Self Portrait, 1911
Huile sur carton, 44,4 x 36,8 cm
Don de Mary Haskell Minis, 1950
© Telfair Museum of Art, Savannah

Edmond Rostand, 1910
Fusain sur papier, 50 x 65 cm
© Comité national Gibran

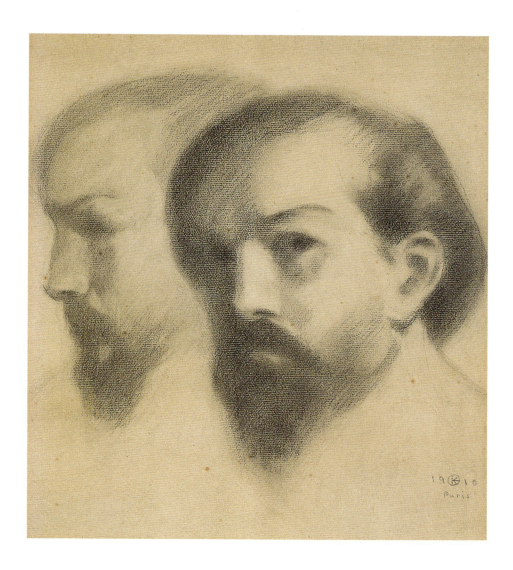

Claude Debussy, 1910
Fusain sur papier, 50 x 65 cm
© Comité national Gibran

John Masefield
Crayon, 63,6 x 55,8 cm
© The Metropolitan Museum of Art
Don de Mary Haskell Minis, 1932. (32.45.2)

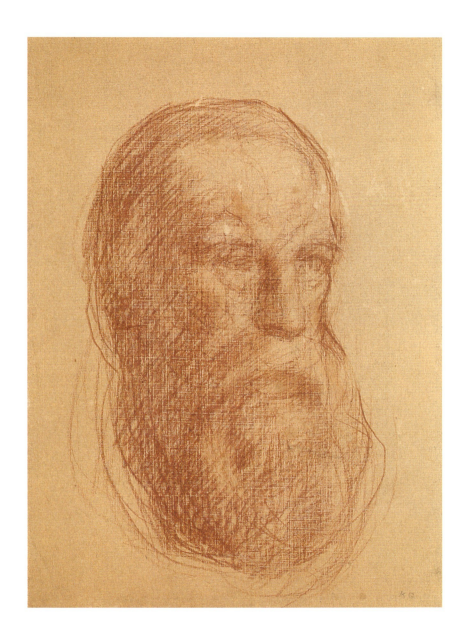

Auguste Rodin, 1910
Sanguine, 24 x 17,5 cm
© Comité national Gibran

Towards the Infinite (Kamila, mère de l'artiste)
Aquarelle, 27,9 x 21,2 cm
© The Metropolitan Museum of Art
Don de Mary Haskell Minis, 1932. (32.45.4)

Portrait (Amin Rihani), 1912
Fusain sur papier, 39,5 x 34,5 cm
© Comité national Gibran

Portrait (May Ziyadé), non daté
Fusain sur papier, 27,5 x 21,5 cm
© Comité national Gibran

Mrs. Whitney, 1924
Crayon et fusain sur papier, 50,5 x 39,4 cm
© The Metropolitan Museum of Art
Legs de Jane Erdmann Whitney, 1985. (1986.263.7)

Head of Emily Michel, 1908
Crayon sur carton, 45,7 x 30,4 cm
Don de Mary Haskell Minis, 1950
© Telfair Museum of Art, Savannah

Tête d'une femme, 1920
Crayon sur carton Bristol, 17,7 x 15,2 cm
Don de Mme Dale C. Critz, 1979
© Telfair Museum of Art, Savannah

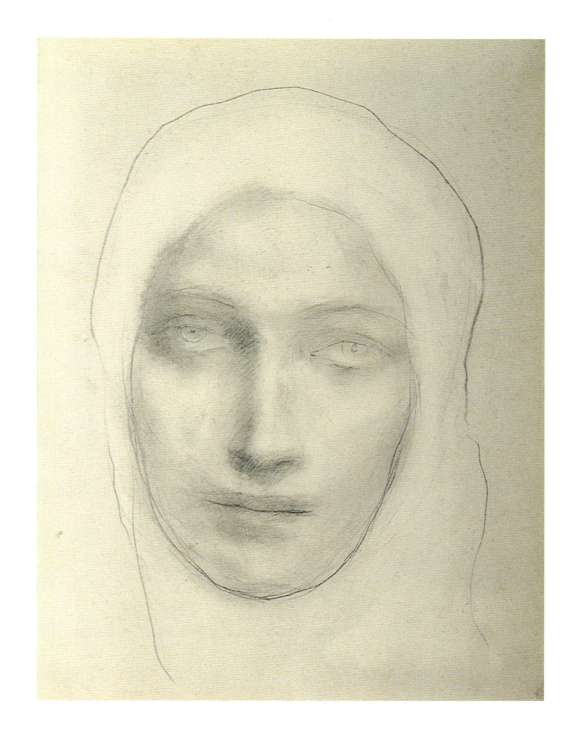

Head of Micheline, non daté
Crayon sur papier, 27,6 x 22,2 cm
Don de Mary Haskell Minis, 1950
© Telfair Museum of Art, Savannah

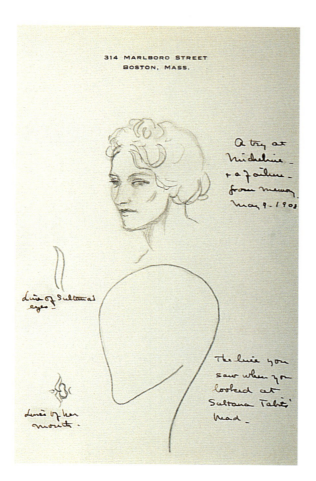 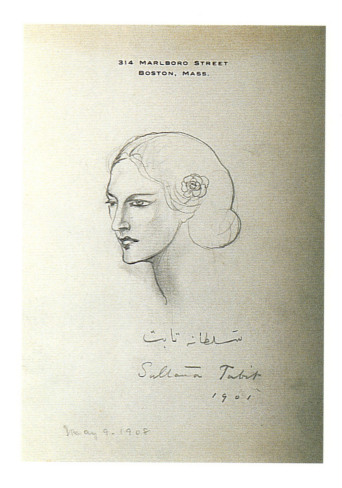

Head of Micheline and Line Drawing of Sultana's Head, 1908
Crayon et encre sur papier, 19,6 x 12,3 cm
Don de Mary Haskell Minis, 1950
© Telfair Museum of Art, Savannah

Head of Sultana Tabit, 1901 ou 1908
Crayon sur papier, 18,4 x 12,3 cm
Don de Mary Haskell Minis, 1950
© Telfair Museum of Art, Savannah

Sans titre (Étude d'un visage), non daté
Crayon sur papier, 29,8 x 25,7 cm
Don de Mary Haskell Minis, 1950
© Telfair Museum of Art

Quatre Visages, 1925
Fusain sur papier, 67 x 45 cm
© Comité national Gibran

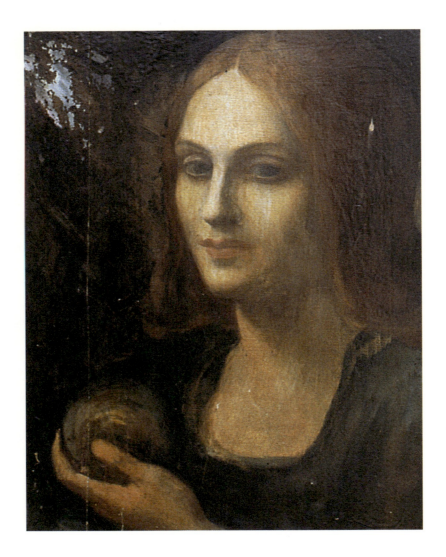

Femme au cristal, 1911
Huile sur bois, 65 x 84 cm
© Comité national Gibran

Hala Hanna-Daher, ca. 1911
Huile sur toile, 67 x 47 cm
© Comité national Gibran

Charlotte Teller, 1908
Fusain sur papier, 36,2 x 48,2 cm
Don de Mary Haskell Minis, 1950
© Telfair Museum of Art, Savannah

Charlotte Teller, 1908
Fusain sur papier, 40,6 x 37,7 cm
Don de Mary Haskell Minis, 1950
© Telfair Museum of Art, Savannah

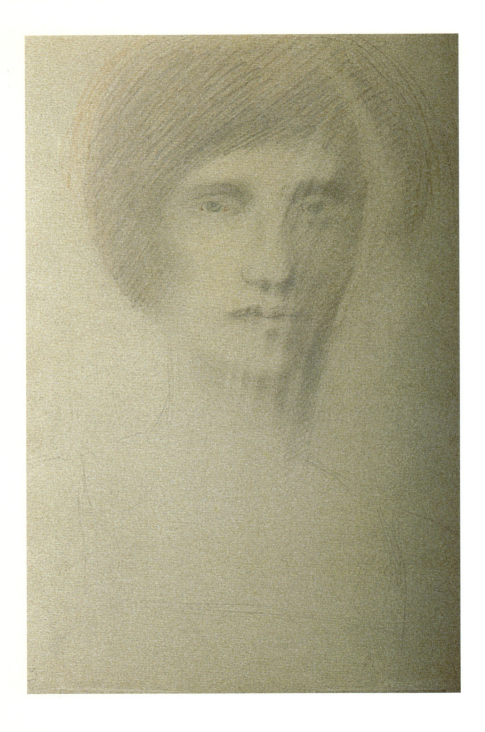

Sans titre (recto-verso, Tête d'une femme
sur chaque côté), 1905
Crayon sur papier, 33,3 x 21,2 cm
Don de Mary Haskell Minis, 1950
© Telfair Museum of Art, Savannah

Sans titre (Tête d'une femme), 1910 ou 1911
Crayon sur papier, 20 x 12,3 cm
Don de Mary Haskell Minis, 1950
© Telfair Museum of Art, Savannah

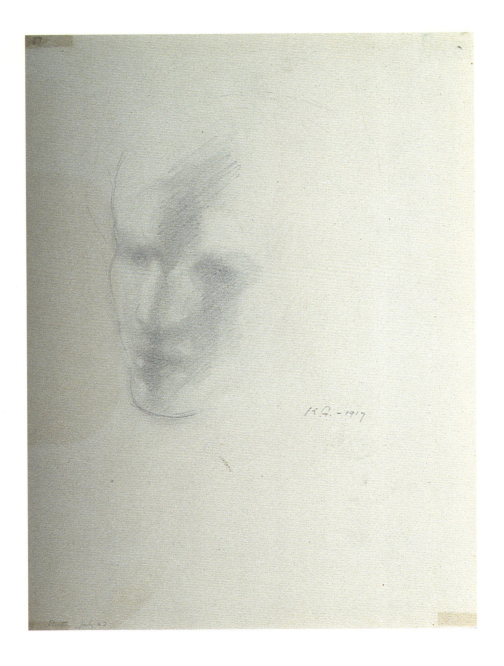

Sans titre (Esquisse d'une tête), 1917
Crayon sur paper, 30,4 x 23 cm
Don de Mary Haskell Minis, 1950
© Telfair Museum of Art, Savannah

Sans titre (Tête de Christ et bras nu), non daté
Plume et encre sur papier
5,7 x 2,8 cm
Don de Mary Haskell Minis, 1950
© Telfair Museum of Art, Savannah

Sans titre (recto-verso, une tête sur chaque côté
du papier), non daté
Crayon/encre sur le verso, sur carton, 2,5 x 5,4 cm
Don de Mary Haskell Minis, 1950
© Telfair Museum of Art, Savannah

Head of Christ, c. 1910-1915
Encre sur papier, 16,8 x 14,6 cm
Don de Mary Haskell Minis, 1950
© Telfair Museum of Art, Savannah

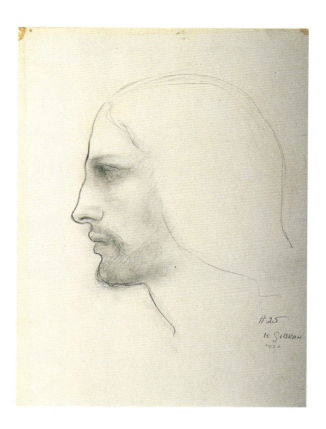

Jesus Son of Man, non daté
Crayon sur papier, 60 x 45,7 cm
Don de Mary Haskell Minis, 1950
© Telfair Museum of Art, Savannah

Head of Christ, 1920
Crayon sur carton, 20,3 x 15,2 cm
Don de Mary Haskell Minis, 1950
© Telfair Museum of Art, Savannah

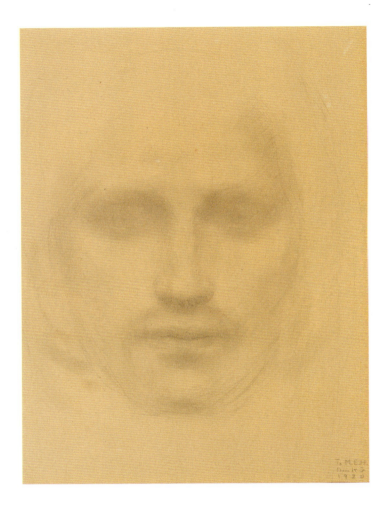

*Esquisse d'un dessin du visage
du Prophète*, 1920
Fusain sur papier, 50 x 65 cm
© Comité national Gibran

Jean, le disciple bien-aimé, 1928
Fusain sur papier, 27,5 x 20,5 cm
© Comité national Gibran

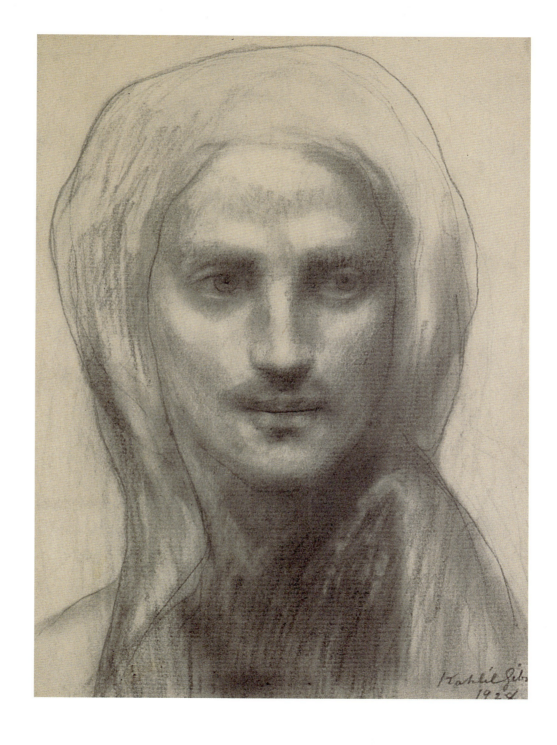

L'art de Khalil Gibran
Christine Crafts Neal

Comme beaucoup de créateurs, l'intérêt pour l'art de Khalil Gibran se manifesta dès l'enfance. Si l'on ne conserve aucun document sur la formation artistique de Gibran au Liban, on sait qu'il dessinait déjà au fusain à l'âge de sept ans. Il avait une sensibilité innée, ainsi qu'une intelligence réfléchie qui le guidaient dans ses expressions tant artistiques que littéraires. Ces qualités n'ont pu être enseignées à Gibran plus qu'à quiconque ; mais plutôt que de réprimer ses sentiments, Gibran les exprima sous deux formes différentes.

Pour son inspiration, Gibran puisait à ce que la vie lui offrait. Dans son enfance au Liban, il réagit à la beauté de la campagne libanaise. La nature lui servait entre autres à échapper aux discordes de sa vie familiale et nourrissait ses aspirations spirituelles. Sa propre imagination lui offrit un autre havre de paix pour fuir les tensions quotidiennes. Ces tendances s'accentuèrent encore lorsqu'il se cassa les deux épaules à la suite d'un accident. Pour lui ressouder les os, on l'attacha à une croix, un peu comme si on le crucifiait. Cette expérience intensifia ses sentiments religieux, ainsi que sa relation, et même son identification, avec Jésus-Christ[1]. Le désir de chercher à l'intérieur de lui-même la beauté, l'inspiration et la force fut l'une des constantes aspirations de Gibran.

La situation familiale le conduisit à émigrer du Liban. Avec sa mère et deux sœurs, le jeune Gibran s'installa à Boston en 1895, alors qu'il avait douze ans. Denison House, un centre municipal dans le quartier syrien de Boston, dispensait des cours de beaux-arts, et c'est là que Gibran reçut, vraisemblablement, sa première formation officielle.

Les assistants sociaux de Denison House furent impressionnés par les efforts de Gibran et encouragèrent l'artiste naissant à montrer ses œuvres à l'éditeur Fred Holland Day, lequel offrit à Gibran sa première exposition dans son atelier, en 1904.

Si Denison House lui dispensa un enseignement dans l'art qui devint le fondement de son œuvre, le jeune homme avait faim d'autres stimulations visuelles. Une formation artistique supplémentaire, quoique informelle et indépendante, lui vint d'autres artistes dont il copia les œuvres. Des artistes britanniques comme l'illustrateur Aubrey Beardsley, le peintre Edward Burne-Jones et des membres de la Confrérie préraphaélite, entre autres, l'influencèrent également ; on en retrouve des traces dans ses premières œuvres. Par exemple, la tête de Gibran rappelle des têtes de « Méduse » d'artistes comme le peintre symboliste

Medusa [p. 137]

Portrait de l'artiste et intérieur de son studio, 10th Street, New York
© Telfair Museum of Art, Savannah

Fernand Khnopff. À cette époque, Gibran était manifestement influencé par des artistes qu'on classait ensemble. Khnopff, par exemple, a été considéré comme l'égal de Burne-Jones. Dans la tête de Gibran, l'expression faciale outrée rappelle les « femmes fatales » de Khnopff.

Une autre source d'influence plus générale fut le Mouvement esthétique, qui arrivait à son terme lorsque le jeune Libanais gagna sa nouvelle patrie. L'esthétisme, né au milieu du XVIIIe siècle, prônait « l'art pour l'art » et affirmait que l'art avait pour but la recherche idéale de la beauté. L'idée de rendre, en mots ou en images, la « voix d'une âme humaine », résonnait à l'unisson avec les visées de Gibran. En outre, le Mouvement esthétique puisait son inspiration visuelle à un certain nombre de cultures « exotiques ». Le Moyen-Orient, l'Islam, la Perse, le Japon et l'Inde fournirent des motifs utilisés pour la décoration bidimensionnelle.

En tant que nouvel immigré, Gibran commença également à découvrir la littérature occidentale à cette époque. Dès l'âge de quatorze ans, Gibran admirait l'œuvre de l'écrivain symboliste belge Maurice Maeterlinck. Dans ces récits, celui-ci décrit le voyage de l'âme en quête de perfection et de compréhension – thèmes qui résonnent dans tout l'art et la littérature de Gibran. Comme Maeterlinck, Gibran aimait la nature. Pour le premier, la compréhension et l'amour de la nature étaient un moyen d'analyser le caractère humain. Chez le Belge, Gibran retrouva son intérêt pour le monde mystique de l'âme, et cela l'encouragea certainement dans l'orientation qu'il prenait.

Âgé d'un peu plus de vingt ans, Gibran continua de cultiver un art et une écriture qui étaient destinés à s'accompagner l'un l'autre. Comprenant qu'il ne resterait pas à jamais un enfant prodige, il se sentit frustré de voir que son art ne mûrissait pas comme il le voulait. S'il se sentait à l'aise avec l'aquarelle et le dessin, il n'avait pas encore travaillé à l'huile, pas plus que d'après des modèles vivants. Pour lui permettre de poursuivre son développement artistique, son amie et mécène, l'éducatrice Mary Haskell, l'envoya étudier à Paris en juillet 1908.

Avant ses études à l'étranger, Gibran avait travaillé « instinctivement, sans connaître le pourquoi ni le comment[2] ». À Paris, il fréquenta brièvement l'Académie Julian, où beaucoup d'aspirants artistes américains cherchaient leur formation à cette époque. Maurice Prendergast, Maurice Denis, Paul Sérusier et les nabis Pierre Bonnard et Édouard Vuillard étaient parmi les autres artistes qui avaient été liés à l'Académie ou qui y avaient étudié.

En 1909, Gibran quitta toutefois l'Académie Julian pour travailler avec Pierre Marcel-Béronneau. En Marcel-Béronneau, Gibran trouva un artiste visionnaire qui avait été un « disciple de Gustave Moreau[3] ».

Gibran fut sensible aux qualités mystiques de l'œuvre de son maître, mais finit par renoncer aussi à suivre son enseignement. Avant de quitter la France, il connut quelques succès. Son tableau *Automne* fut retenu pour l'exposition du printemps 1910 de la prestigieuse Société des beaux-arts. En outre, il rencontra le sculpteur Auguste Rodin et visita son atelier.

Après son retour aux États-Unis en octobre 1910, Gibran s'installa en 1911 à New York. Cette florissante capitale artistique des États-Unis lui offrit des contacts, des possibilités d'exposer, ainsi que l'influence et l'inspiration d'autres artistes et de leur œuvre. Il devait y vivre pendant les vingt années à venir, jusqu'à sa mort en 1931. Cet environnement l'incita manifestement à poursuivre sa carrière artistique et littéraire. Entre 1918 et 1931, il écrivit sept livres qui comportaient de nombreuses illustrations. En outre, il poursuivit sa production artistique indépendamment de ces illustrations.

Cette fécondité dans deux domaines créatifs différents témoigne de l'alliance unique de talents et de compétences chez Gibran. Les artistes visuels s'expriment rarement à la fois en mots et en images. Un artiste britannique possédait lui aussi ces deux dons – William Blake (1757-1827). Des critiques n'hésitaient pas à comparer les œuvres de Gibran à celles de Blake, et d'autres voyaient en l'artiste libanais un « nouveau Blake[4] ».

Auguste Rodin, *Reclining Nude*, vers 1908-1915,
Crayon et aquarelle sur papier, 37,5 x 31,4 cm
Collection Patti Cadby Birch

Gibran étudia effectivement l'œuvre de Blake, et la comparaison entre les deux artistes est instructive. Blake, comme Gibran, fut un enfant prodige. Il commença à écrire des poèmes à l'âge de douze ans, et poursuivit dans cette veine, outre son travail visuel, toute sa vie durant. On peut considérer les deux artistes comme des autodidactes, pour l'essentiel. Blake fut brièvement inscrit à la Royal Academy d'Angleterre, mais renonça à copier les œuvres des maîtres anciens et les moulages en plâtre, comme il était tenu de le faire ; Gibran, de son côté, semblait s'irriter de l'enseignement officiel, et préférait copier les œuvres de ses artistes favoris. Blake aimait à puiser son inspiration dans son imagination, plutôt que de représenter le monde physique. Gibran accordait lui aussi beaucoup d'importance à l'imagination ; ses œuvres révèlent un monde que seul connaissait sa vision intérieure.

Outre les illustrations pour ses propres écrits, Blake conçut également celles de certaines des plus importantes œuvres littéraires de langue anglaise, notamment *Macbeth* de Shakespeare, *Le Paradis perdu* de Milton, outre la *Divine Comédie* de Dante et la Bible. Si Gibran n'illustra pas ces œuvres, il avait néanmoins vendu des dessins et des maquettes de livre à une maison d'édition new-yorkaise dès l'âge de seize ans.

L'intérêt pour le portrait est un autre point commun entre les deux hommes. Blake exécuta des « têtes visionnaires » de figures historiques. Pour rendre leurs traits, il puisa dans son imagination. Quant à Gibran, il dessinait vers 1913 des personnages célèbres telle l'actrice Sarah Bernhardt, et des figures littéraires comme le poète irlandais William Butler Yeats.

Dans le contenu et le propos de leur littérature visuelle, Blake et Gibran partagent un objectif semblable. Les deux hommes se concentraient sur le thème universel, métaphysique de la création et de l'âme. Les deux prodiges sont « visionnaires » en ce que leurs intenses sentiments spirituels ont nourri leur créativité. Blake se fit l'interprète d'un monde symbolique, qui reflétait sa profonde croyance en ce que l'homme percevait plus qu'il ne sentait. Il voulait que ses mots et ses symboles fussent en harmonie, et se considérait comme un « artiste complet [5] », en ceci que sa littérature et ses images étaient la même idée créatrice qui se manifestait sous des formes différentes, qu'il voulait complémentaires.

En Blake, Gibran trouva un esprit frère. Le 6 octobre 1915, il écrivit à Mary Haskell : « Blake est l'homme-Dieu. Ses dessins sont jusqu'à présent les choses les plus profondes faites en anglais – et sa vision, mis à part ses poèmes et ses dessins, est des plus divines [6]. » Au début de 1916, il écrit de nouveau à son amie : « Je songe à écrire, à donner des formes à l'unique pensée qui a changé ma vie intérieure – Dieu et la Terre et l'âme de l'homme. Une voix prend forme dans mon âme et j'attends les mots. Mon seul désir maintenant est de trouver la forme juste, le vêtement juste qui irait aux oreilles humaines. [...] C'est beau de parler de Dieu à l'homme. Nous ne pouvons comprendre pleinement la nature de l'homme parce que nous *ne sommes pas* Dieu, mais nous pouvons préparer notre conscience à comprendre les expressions visibles de Dieu[7]. » On pourrait imaginer Blake faisant des déclarations semblables à celle de Gibran.

L'intense nature spirituelle de l'expression des deux hommes se révèle dans des styles qui sont quelque peu semblables, et reflètent leurs conceptions fondamentalement naïves et autodidactes de l'art. Des figures asexuées flottent dans des compositions qui évoquent le monde aux débuts du Paradis terrestre. Il n'y a pas de distinction entre figure et fond, non plus qu'impression de profondeur. Aucun des deux artistes n'avait pour but de créer une illusion de profondeur et de recul. L'absence de définition ou d'articulation détaillée des figures donne à la composition une qualité intemporelle. Les deux utilisèrent une palette délicatement nuancée et limitée en valeur. Ces tons subtils complètent leurs visions du cosmos à sa formation.

Les œuvres les plus connues de Blake sont *Chants d'innocence et d'expérience* et *Le Mariage du ciel et de l'enfer*. Si elles sont proches de celles de Gibran par leur thématique, on relève cependant plusieurs différences importantes. Le Libanais excluait tout examen des forces destructrices du mal. Les *Chants d'innocence et d'expérience* de Blake, en revanche, sont soustitrées *Shewing the Two Contrary States of the Human Soul (Montrer les deux états contraire de l'âme humaine)*. Gibran choisit de ne pas dépeindre le côté le moins noble de l'« expérience », préférant examiner plutôt le monde de l'« innocence ». Une autre différence touche au format. Blake combinait mots et images en une composition unique, tandis que Gibran créa des œuvres séparées, mais complémentaires.

Blake n'est pas le seul artiste qui influença Gibran ou que le Libanais admirait. « J'ai le sentiment maintenant que l'œuvre de Carier [Eugène Carrière] est le plus proche de mon cœur. Ses figures, assises ou debout derrière la brume, me parlent plus que tout le reste, à l'exception des œuvres de Léonard de Vinci. Et la vie de Carier n'est pas moins belle que ses œuvres. Il a tant souffert, mais il connaissait le mystère de la douleur : il savait que les larmes font briller toute chose[8]. » Dans l'œuvre de Carrière, comme dans celle de Gustave Moreau et de Pierre Puvis de Chavannes, dont les peintures murales ornaient la Boston Public Library, il était sensible à la qualité onirique, ainsi que, chez Carrière, à « l'amour des mani-

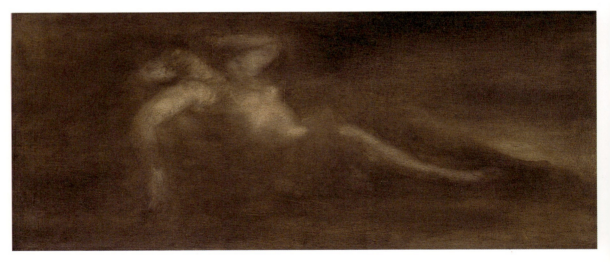

Eugène Carrière, *Maternité*, vers 1895-1900
Huile sur toile, 41 x 33,2 cm
Collection Patti Cadby Birch

Eugène Carrière, *Tête de femme*
Huile sur toile, 41 x 33,5 cm
Collection Patti Cadby Birch

Eugène Carrière, *Nu couché*, vers 1900
Huile sur toile, 22,8 x 52 cm
Collection Patti Cadby Birch

festations de la nature et à la brume mystérieuse qui planait sur ses peintures [9]. »

Dans leurs objectifs visuels, les deux artistes sont étonnamment proches. Carrière voulait peindre « sa vision unitaire de la création [10] ». Cette vision est proche, en essence, de la croyance de Gibran en l'unité de l'homme et de la nature, et dans l'harmonie globale du cosmos. Carrière cherchait à peindre les émotions avec un langage ordinaire. Ses compositions de mère avec enfant, ainsi que toutes celles de « l'enfance de l'homme », comptent parmi ses thèmes universels [11]. Gibran explora le thème de la maternité entre 1908 et 1914, à peu près [12]. Plutôt que des figures spécifiques, il dépeignit une « maternité cosmique [13] ». L'une de ces œuvres rappelle les « pietàs » religieuses traditionnelles. Une figure évoquant la Vierge Marie voilée berce un enfant nu sur ses genoux. La douce caresse de la mère et son regard baissé dégagent la même impression plaintive que ce sujet religieux. Dans le fond, la vague figure plus grande est à peine visible. On voit souvent de telles « ombres » dans les œuvres de Gibran.

L'« ombre » est également présente dans l'illustration 3. La figure féminine semble aussi y être une madone, comme l'indiquent sa robe et sa tête voilée.

Elle lève la main droite en signe de bénédiction, tel Jésus-Christ dans de nombreuses représentations. Derrière la Vierge plane une figure plus grande. Les marques sombres sur le visage donnent une impression quelque peu sinistre.

On pourrait appliquer les descriptions d'œuvres de Carrière à celles de Gibran : « L'artiste [Carrière] a tenté de faire un système universel à partir des particularités de sa vision personnelle de la réalité [14]. » Et les mots de Carrière auraient très bien pu être prononcés par Gibran : « Je vois tous les autres hommes en moi-même, et je me trouve dans ce qu'ils sont ; ce qui les passionne m'est cher [15]. » En outre, on a dit de Carrière qu'il était « la voix de l'éternel humain [16] ». De même, Gibran voyait son art comme le moyen

Sans titre (The Gentle Comforter), 1920
Aquarelle sur papier, 100,9 x 65 cm
Don de Mary Haskell Minis, 1950
© Telfair Museum of Art, Savannah

Sans titre (Personnage de type madone), 1910
Crayon et pastel sur papier, 59,6 x 42,8 cm
Don de Mary Haskell Minis, 1950
© Telfair Museum of Art, Savannah

  par lequel Dieu pouvait entrer dans la conscience du spectateur, ainsi que Mary Haskell le note dans son journal à la date du 22 mai 1920[17]. Gibran cherchait à révéler à la fois la qualité transcendante de la nature et la transformation de l'homme en son être intérieur, pour dévoiler l'esprit derrière ce qu'on voit[18].

Les œuvres de Carrière ont beaucoup de points communs avec celles de Gibran. Les portraits du Français ont ainsi cette même qualité onirique qu'on trouve chez le Libanais. Les figures semblent vues comme à travers un brouillard ou une brume. Les modèles de Carrière évitent de regarder le spectateur, soulignant cette impression d'éloignement.

La tête de femme de Gibran fait apparaître les similitudes avec les œuvres de Carrière à la fois dans le style et le sujet. La tête emplit le centre de la feuille de papier et est le point focal de toute la composition. Gibran rend certaines zones avec une grande sensibilité au détail, tandis que d'autres restent de simples contours. La chevelure de la femme est mal définie ; un seul trait en délimite le pourtour. Il est difficile de dire si la tête de la femme est enveloppée dans un tissu qui lui cache les cheveux et le cou, ou si l'artiste a simplement laissé ces zones sans détails. Gibran voulait néanmoins que le spectateur se concentre sur la sérénité et la beauté de ce visage de femme, dont la féminité n'est révélée que par la délicatesse avec laquelle il en rend les traits. Ses yeux semblent perdus dans le vague, comme si elle était à l'écoute d'une voix intérieure, ou, à l'inverse, de la voix de l'univers. Le résultat ressemble fort à ce qu'obtient Carrière, en ceci que le visage semble émerger d'un brouillard ou d'une brume, se définir lentement, mais en gardant cette qualité éthérée qui donne l'impression que le visage est éclairé de l'intérieur, par la beauté de son âme.

Du fait du caractère idéalisé de cette tête, il est difficile de la définir comme un portrait, tel celui que Gibran fit de Mary Haskell. Elle semble appartenir à un personnage mythique ou fictif, plutôt qu'à une personne réelle. Mais le portrait de Mary Haskell révèle des procédés artistiques semblables. Gibran emploie ainsi l'ombre et la lumière pour donner l'impression qu'elle émerge d'un espace obscurci dans un espace radieux. Si elle est représentée avec plus de détails et de précisions que la tête de femme, son regard paraît tranquille et rêveur, souligné par l'inclinaison de la tête, qui semble contredire sa nature énergique.

La tête de femme est un sujet qui revient constamment chez Gibran. L'illustration 6 n'est pas sans ressembler aux madones idéalisées peintes par Léonard de Vinci. Gibran admirait l'œuvre de Léonard, qu'il

Tête d'une femme [p. 73]   Mary Haskell [p. 50]

considérait comme le plus grand peintre de son époque, si l'on en croit le journal de Mary Haskell, par sa capacité à peindre l'esprit [19]. La femme de Gibran partage avec les Vierges de Léonard une profonde sérénité ; dans ce dessin, Gibran dévoile « cette grande quiétude – cette paix de la Terre » qu'il mit dans son art [20].

L'œuvre de Gibran peut se diviser en cinq périodes, d'après Wahib Kayrouz. Après la phase de son enfance où il se consacra au dessin au fusain, il explora les possibilités de la peinture à l'huile entre 1908 et 1914. Dès son plus jeune âge, deux thèmes commencèrent à émerger qui domineront ses pensées tout au long de sa carrière artistique et littéraire – la qualité transcendante de la nature et l'idée apparentée de l'homme qui devient son soi intérieur, trouvant l'esprit derrière ce qui est vu.

De nombreuses images de crucifixion, et peut-être d'autocrucifixion, datent de cette période. L'illustration 7 est un exemple de ce thème. Gibran visait à combiner la figure nue avec l'amour et la nature, pour former une trinité. L'homme est crucifié par ce qu'il essaie de surmonter, mais peut finalement se libérer de ces obstacles qu'il s'impose lui-même. La signification de cette crucifixion particulière demeure obscure. Une figure, dont le sexe est difficile à déterminer, est tenue en l'air par deux autres figures vaguement définies. La position des bras et des pieds, qui sont côte à côte, indique le thème de la composition. Au sol, une figure féminine semble morte, alors qu'elle allaite encore un enfant. L'une des interprétations possibles de cette œuvre serait l'ascension de l'âme, tandis que le corps physique reste sur terre.

Au cours de cette deuxième période, Gibran peignit également des centaures – dix-sept au total. Ici, le centaure représente la mère nature. L'une de ces compositions, conservée dans la collection du Telfair Museum of Art, date de 1916 – et forme un lien entre

Sans titre, d'après *Le Jardin du prophète*, 1930
Aquarelle et crayon sur papier, 27,9 x 21,5 cm
Don de Mary Haskell Minis, 1950
© Telfair Museum of Art, Savannah

The Great Longing, 1916
Aquarelle et crayon sur papier, 27,6 x 21,5 cm
Don de Mary Haskell Minis, 1950
© Telfair Museum of Art, Savannah

la deuxième et la troisième phase. D'après la plupart des définitions, le centaure est une créature mi-cheval mi-homme. Ce centaure-ci montre clairement un torse d'homme. Gibran lui prête un physique plus musclé qu'à la plupart de ses autres figures. En outre, le centaure n'a pas de cadre, ce qui indique que cette composition est une œuvre préparatoire.

Gibran avait le sentiment que l'huile ne rendait pas le sens de ce qu'il voulait exprimer, et il abandonna donc ce genre pour retourner au fusain au cours de la période 1914-1918. Il chercha à créer des compositions qui évoquent la simplicité et l'universalité. C'est à cette époque qu'il illustra son œuvre littéraire *Le Fou*.

Au cours de sa quatrième période, de 1918 à 1923, Gibran écrivit *Jésus, fils de l'homme*. Bien qu'il ne soit pas connu comme coloriste, il explora alors les propriétés mélodiques, expressives de cet élément pour révéler l'origine commune de toute chose, cherchant à rendre la lumière qui vient de la vie intérieure. Il illustra *Le Prophète* à cette époque.

Dans sa cinquième période, de 1923 à 1931, Gibran formula ses objectifs de manière plus définitive. Il mit l'accent sur trois principes universels – l'esprit, la force et l'amour – issus de l'éternité et du temps. C'est à cette époque qu'il exécuta des représentations du personnage mythique d'Orphée. La lumière représente la sagesse ; il voulut rendre aussi la naissance intérieure. À ce stade, l'esprit se révèle, comme si Gibran avait finalement trouvé la révélation et l'illumination intérieures et extérieures.

Quatre œuvres de la collection du Telfair Museum of Art, présentes dans cette exposition, datent de cette cinquième période. Deux d'entre elles furent exécutées vers 1925, et les deux autres en 1930. *The Summit* [1950.8.14] et une œuvre sans titre [1950.8.65] parurent tous deux dans *Le Sable et l'écume* de Gibran. Par leur style et leur sujet, les deux œuvres sont très proches.

Dans l'œuvre sans titre, une aquarelle avec crayon

The Summit, d'après *Sable et écume*, c. 1925
Aquarelle et crayon sur papier, 27,9 x 21,5 cm
Don de Mary Haskell Minis, 1950
© Telfair Museum of Art, Savannah

Sans titre, d'après *Sable et écume*, (Femme nue allongée flottant sur un nuage au-dessus d'une rivière), c. 1925
Aquarelle et crayon sur papier, 27,9 x 21,5 cm
Don de Mary Haskell Minis, 1950
© Telfair Museum of Art, Savannah

sur papier, mesurant 30 centimètres sur 22 centimètres, une figure féminine dort, bercée sur un nuage qui flotte à travers la composition. Le nuage semble être une rivière qui s'écoule dans le ciel bleu pâle, indéfini. Le monde naissant commence tout juste à se former. L'humanité, représentée par la figure féminine, attend de s'éveiller et de se différencier de la nature – l'humanité fait encore un avec l'univers. Comme dans la plupart des nus de Gibran, la figure n'est pas précisément sexuée ; telle sa conscience endormie, le sexe de la figure n'est pas encore pleinement éveillé.

Le cadre, comme la figure, n'est pas rendu de manière spécifique. Le ciel, qui s'étend sur les deux tiers de la composition, est d'une teinte de bleu plus claire que le filet de mer qui serpente en bas à travers le milieu de l'œuvre. Si Gibran crée une impression de verticalité en superposant eau, montagne et ciel, il y a peu de sensation de profondeur. La mer conduit l'œil du spectateur du bord de la composition, vers les montagnes massives et informes qui servent à séparer l'eau du ciel. La masse de terre grisâtre complète également la figure et le nuage. Gibran établit ainsi une alternance entre tons clairs et tons sombres, si bien que l'étendue de ciel est divisée par la figure, dont les couleurs trouvent un écho dans les formes terrestres plus foncées. Pour donner du poids et une orientation à l'œuvre, il rend les couleurs du bas de la composition plus foncées en valeur que celles du haut, soulignant l'impression de verticalité.

The Summit pourrait être considéré comme la continuation de l'histoire mythique de la Création relatée par Gibran. Ici, la même figure féminine s'est éveillée ; son regard est dirigé, mais quelque part dans le lointain. Plutôt que de rester étendue sur un nuage à attendre passivement que son âme s'embrase, elle a bougé. Elle semble assise droite, brisant la voie lactée du nuage. Elle étend les bras ; le bras droit, au lieu de reposer à son côté, est plié jusqu'à l'épaule, tandis que le bras gauche qui berçait sa tête s'élève maintenant au-dessus, tandis qu'elle incline le cou. Son bras gauche semble caresser doucement le dos de la seconde figure, comme pour la réveiller. Sa chevelure flotte sur la tête et le cou de cette autre figure, comme si elle n'était pas encore pleinement formée ni distincte de la femme.

À la figure féminine, une Ève archétypique, se joint une figure qui semble être « Adam ». Si les figures de Gibran ne sont jamais franchement sexuées, celle-ci semble être masculine. Le dos, les bras et la poitrine sont plus musclés que la mince figure féminine. Les fesses et les cuisses sont plus volumineuses et plus rondes que les membres sveltes de la femme. La figure masculine semble dormir et tomber à travers le cosmos indéfini, comme faisait la figure féminine dans la composition précédente.

Par sa structure compositionnelle, *The Summit* est le complément de l'œuvre précédente. Toutes deux sont des aquarelles avec crayon sur papier qui mesurent 30 centimètres sur 22 centimètres. Dans *The Summit*, un flot de nuages traverse le haut de la composition. Il semble servir de coussin à la figure masculine, encore qu'il commence à s'en séparer, comme la figure féminine. Les courbes des nuages complètent le « sommet » de la masse terrestre en dessous. L'arc du corps masculin fait également écho à cette forme. La palette de *The Summit* est moins riche en contrastes que l'œuvre précédente. La masse terrestre est simplement d'un bleu plus profond que le ciel plutôt que grise ; les nuages ont une légère nuance de gris, tandis que les figures ont une délicate teinte rose orangé.

Les deux œuvres parurent dans *Le Sable et l'écume* de Gibran, son cinquième livre, publié à l'origine en 1926 ; c'était le premier à paraître après le vif succès du *Prophète*. Ce « livre d'aphorismes » s'intègre à la dernière période de Gibran, où ses idées et sa philosophie s'exprimèrent plus clairement. Le volume ne contient que sept illustrations, dont trois sont dans la collection du Telfair Museum of Art. Si toutes les sept sont semblables par leur thématique, les deux aquarelles évoquées ici forment une paire plus nette que les autres. Elles n'illustrent aucun des aphorismes spécifiquement, mais expriment les idées de Gibran sur l'unité du cosmos, l'âme humaine et la nature terrestre. Elles forment la troisième et la cinquième illustration du livre, respectivement.

Deux autres œuvres de l'exposition parurent dans *Le Jardin du prophète*. Publié en 1933, ce livre fut conçu comme un pendant du *Prophète*, qui avait paru en 1923. Comme *Le Sable et l'écume*, *Le Jardin du prophète* contient sept illustrations, dont deux sont présentes dans cette exposition et dont six sont conservées au Telfair Museum of Art. Gibran avait travaillé

Life, d'après *Le Jardin du prophète*, 1930
Aquarelle et crayon sur papier, 27,9 × 21,5 cm
Don de Mary Haskell Minis, 1950
© Telfair Museum of Art, Savannah

Mother Earth, d'après *Les Dieux de la terre*, c. 1931
Aquarelle et crayon sur papier, 27,9 × 21,5 cm
Don de Mary Haskell Minis, 1950
© Telfair Museum of Art, Savannah

à ce livre et à ses illustrations pendant un certain nombre d'années avant sa mort.

Life est la deuxième illustration du livre. Une grande figure féminine, archétype de la « terre mère », est debout au centre de la composition. Elle étend les bras comme pour enlacer. Cette « terre mère » est la figure la plus franchement sexuée de la composition. La poitrine est plus pleine et plus saillante que celle de la plupart des figures féminines de Gibran. Les bras et le torse révèlent une musculature qu'on ne retrouve pas dans les créatures informes en dessous d'elle. Son visage traduit sa bienveillance envers les êtres qui l'entourent.

Des figures nues, tant masculines que féminines, bien qu'elles ne soient pas complètement sexuées, s'étendent, se dressent et émergent comme d'un sommeil. La masse des êtres est à un stade naissant de conscience. Leur âme commence à s'éveiller, au moment où ils se séparent physiquement du cosmos, tandis que leur âme voyage vers l'unité. Certains d'entre eux vont vers les mains de la terre mère, comme si le contact avec elle embrasait leur âme.

L'étincelle du contact entre créateur et créature rappelle le célèbre plafond de la chapelle Sixtine de Michel-Ange. Gibran admirait son œuvre, et disait qu'il réagissait à son « pouvoir silencieux ». S'il considérait Léonard comme le plus grand peintre de son temps, il estimait que Michel-Ange était le plus grand *homme* parmi les peintres de la Renaissance [21].

La terre mère de Gibran diffère du Dieu le Père de Michel-Ange à plusieurs égards, outre le sexe. La figure de Michel-Ange explose du pouvoir de la vie et de la création ; il se penche en avant pour électrifier la figure limpide d'Adam. Figure imposante et impressionnante, Dieu le Père est la présence toute-puissante, presque terrifiante, de l'Ancien Testament. La terre mère de Gibran a une allure plus douce. Elle ouvre les bras pour permettre à ses créations de la toucher, satisfaisant leur désir de vie. Elle est une présence nourricière plutôt que redoutable, reflétant les sentiments de tendresse et de beauté de Gibran. L'artiste traita ce thème de manière semblable dans au moins une autre composition. Ici, une madone, comme l'indique sa robe et sa coiffure, est assise sereinement sur son trône, tandis que des êtres autour d'elle cherchent son contact. La figure féminine est l'élément stable de cette composition. Son équilibre et sa symétrie ancrent les figures autour d'elle, formant le centre de leur tourbillon.

Le cadre, dans *Life*, évoque un monde en création. Des montagnes bleutées, quelque peu déchiquetées, sorte de paysage primitif, forment la toile de fond pour ces êtres naissants. Le flot de nuages, vu dans d'autres compositions, s'enroule et serpente en haut, adoucissant la dureté de la masse montagneuse. Les nuages contrebalancent la masse d'êtres en dessous,

tout en formant une espèce d'arc au-dessus de la tête de la terre mère. La verticalité du grand nu féminin sert de lien entre les trois sections horizontales de la composition – la masse des êtres, le paysage découpé et les nuages dans le ciel.

La palette, comme dans la plupart des aquarelles de Gibran, consiste en délicats lavis de couleur traités dans son style lâche caractéristique. Les tonalités sont sourdes, comme il convient à un cosmos en cours de formation. Les figures sont esquissées et ombrées au crayon, tandis que l'aquarelle sert pour le décor.

Dans une illustration sans titre du *Jardin du prophète*, le fond comporte des zones plus distinctes, mais évoque néanmoins un processus de création. Cette autre aquarelle avec crayon sur papier de format vertical mesure 30 centimètres sur 22 centimètres, tout comme *Life*. C'est la cinquième illustration du livre. Deux figures y sont debout sur une masse terrestre; un ruisseau rouge, peut-être la rivière de la vie, semble traverser la masse de terre, sous le pied gauche de la figure féminine et mouillant aussi légèrement le pied de la figure masculine. En serpentant dans l'angle inférieur droit pour quitter la composition, ce ruisseau souligne l'idée que le spectateur ne voit qu'une partie d'une vue plus large. Apparemment, derrière la masse de terre, au plan médian, se trouve la forme montagneuse déchiquetée bleu violacé qui semble se dresser à mi-distance. Un peu plus de la moitié de la composition est faite de ciel, traversé par le flot de nuages – élément familier dans les œuvres de Gibran. Mais celui-ci, au lieu d'être un simple flot de nuages, comme dans les compositions précédentes, est fait d'une mer d'êtres. Leurs membres sont enchevêtrés, et il est difficile de les distinguer l'un de l'autre. Ces êtres pourraient être interprétés comme les âmes de l'univers, dont le couple au centre de la composition fait partie.

Le couple, archétypes d'Adam et d'Ève, s'enlace dans un geste pur. Gibran considérait ses nus comme chastes, malgré les objections que firent certains parents d'élèves dans l'école de Mary Haskell. Ces figures ne font qu'allusion à leur identité sexuelle. Des caractéristiques subtiles en indiquent le sexe. La figure féminine est légèrement plus petite, avec des membres plus minces et plus courbes que son compagnon masculin. Sa couleur pâle la distingue également de son partenaire. L'Adam archétypique, plus grand, enlace sa compagne, tandis qu'elle s'étend vers lui et le caresse. Leur attachement n'est de toute évidence pas encore sexualisé. Le bras gauche de

Sans titre, d'après *Le Jardin du prophète*, c. 1930
Aquarelle et crayon sur papier, 27,9 x 21,5 cm
Don de Mary Haskell Minis, 1950
© Telfair Museum of Art, Savannah

l'homme et le bras droit de la femme enserrent la tête l'un de l'autre et forment un cercle de l'union, ainsi que la partie la plus détaillée et la plus intéressante de la composition. Le torse de l'homme est légèrement plus large et plus musclé que celui de la femme. Son avant-bras, son bras et son épaule droits ont plus de masse et de volume. Ses organes génitaux ne sont qu'esquissés, et non détaillés. La chair d'« Adam » est d'une teinte rougeâtre très différente de celle de la femme. On pourrait penser que la figure masculine n'a pas encore complètement mis le pied dans la « rivière de la vie », et qu'il n'est donc pas encore tout à fait conscient.

Comme dans beaucoup de compositions de Gibran, les figures verticales unissent les divisions horizontales, reflétant sa croyance en l'unité de toute la Création. Les corps sont au contact de tous les éléments – la terre, la mer, les montagnes, le ciel et le cosmos. En ne faisant qu'un avec l'univers, elles expriment l'essence même du message artistique et littéraire de Gibran.

Savannah, août 1998
Christine Crafts Neal, Conservateur, Expositions et Beaux-Arts, Telfair Museum of Art

Notes
1 Wahib Kayrouz, *Gibran in his Museum*, 1997.
2 Jean Gibran et Kahlil Gibran, *Kahlil Gibran : His Life and World*, 1974, p. 178.
3 *Ibid.*, p. 181.
4 Alice Raphael, *Twenty Drawings by Kahlil Gibran*, 1919, n.p.
5 *Songs of Innocence and Experience*, p. 10.
6 Virginia Hilu, *Beloved Prophet : The Love Letters of Kahlil Gibran and Mary Haskell and Her Private Journal*, 1972, p. 260.
7 Hilu, p. 264.
8 Gibran et Gibran, p. 186.
9 *Ibid.*, p. 187.
10 R.T. Hirsch, *Eugène Carrière*, p. 18.
11 *Ibid.*, p. 8.
12 Kayrouz.
13 *Ibid.*
14 Hirsch, p. 9.
15 *Ibid.*, p. 20.
16 *Ibid.*, p. 23.
17 Hilu, p. 339.
18 Kayrouz.
19 Hilu, pp. 397 et 137.
20 *Ibid.*, p. 225.
21 *Ibid.*, p. 397.

Sans titre, non daté
Fusain sur papier, 43,5 x 59,5 cm
© Comité national Gibran

Uplifted Figure, 1915
Aquarelle et crayon sur papier, 27,6 x 21,2 cm
Don de Mary Haskell Minis, 1950
© Telfair Museum of Art, Savannah

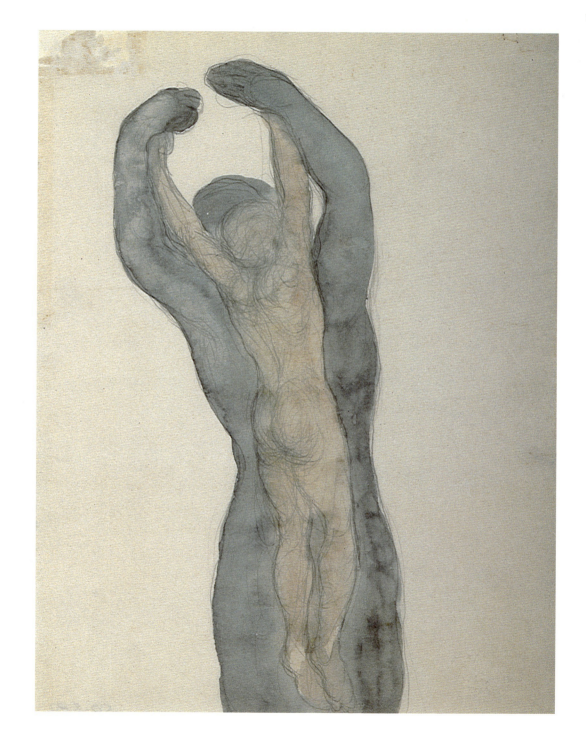

Sans titre, 1917-1920
Crayon avec lavis rouge sur papier, 24,7 x 20,3 cm
Don de Mary Haskell Minis, 1950
© Telfair Museum of Art, Savannah

Sans titre, non daté
Aquarelle sur papier, 28 x 21,5 cm
© Comité national Gibran

110

Sans titre, non daté
Huile sur toile, 76,5 x 94 cm
© Comité national Gibran

Sans titre, 1912-1914
Huile sur toile, 84 x 102 cm
© Comité national Gibran

Sans titre, 1922
Aquarelle sur papier, 70 x 90 cm
© Comité national Gibran

The Outstreched Hand, d'après *Le Jardin du prophète,* 1925
Aquarelle et crayon sur papier, 27,9 x 21,5 cm
Don de Mary Haskell Minis, 1950
© Telfair Museum of Art, Savannah

Sans titre, 1920-23
Aquarelle sur papier, 47,5 x 40 cm
© Comité national Gibran

Sans titre, 1923-1926
Aquarelle sur papier, 53 x 40 cm
© Comité national Gibran

Le Don, illustration du *Prophète,* 1920-1923
Aquarelle sur papier, 47 x 58,5 cm
© Comité national Gibran

116

L'Amour, illustration du *Prophète,* 1920-1923
Aquarelle sur papier, 40 x 48 cm
© Comité national Gibran

Le Mariage, illustration du *Prophète,* 1920-1923
Aquarelle sur papier, 40 x 48 cm
© Comité national Gibran

Sans titre, illustration du *Prophète*, 1920-1923
Aquarelle sur papier, 40 x 48 cm
© Comité national Gibran

Sans titre, 1914-16
Aquarelle sur papier, 34,5 x 24,5 cm
© Comité national Gibran

The Flame, non daté
Aquarelle et mine de plomb sur carton, 35,3 x 27 cm
Don de professeur et Mme Reginald Daly, 1932.46
© Fogg Art Museum, Harvard University Art Museums

Sans titre, 1914
Aquarelle et fusain sur papier, 26,5 x 20,6 cm
© Comité national Gibran

Sans titre, 1914
Fusain sur papier, 75 x 55,3 cm
© Comité national Gibran

Sans titre, 1920-1923
Aquarelle sur papier, 47,5 x 40 cm
© Comité national Gibran

Sans titre, 1920-1923
Aquarelle sur papier, 30 x 22 cm
© Comité national Gibran

Sans titre, non daté
Aquarelle sur papier, 35,5 x 27,5 cm
© Comité national Gibran

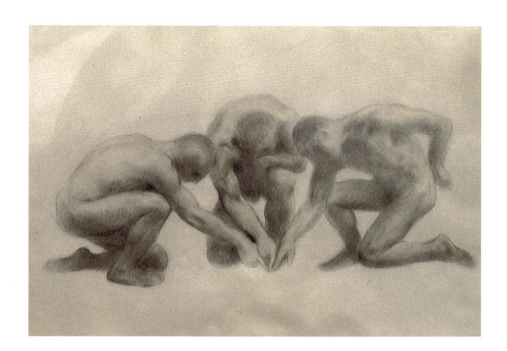

Sans titre, 1914
Crayon sur papier, 55 x 75 cm
© Comité national Gibran

Sans titre, non daté
Aquarelle et fusain sur papier, 27 x 15 cm
© Comité national Gibran

Sans titre, 1914-16
Aquarelle et fusain sur papier, 27 x 15 cm
© Comité national Gibran

Trois Nus, non daté
Aquarelle et crayon sur papier, 33 x 21,5 cm
Don de Dr. William Shehadi en 1959
© American University of Beirut, Jafet Library

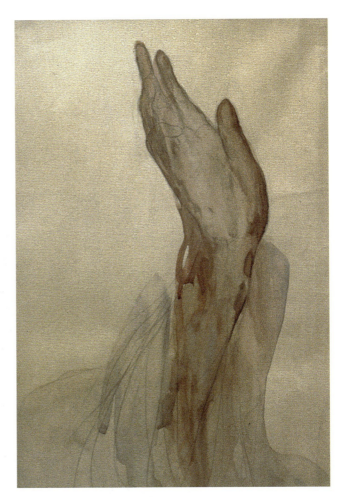

Sans titre, 1914-16
Aquarelle et fusain sur papier, 15,5 × 11,5 cm
© Comité national Gibran

Sans titre, 1914-16
Aquarelle sur papier, 35 × 23 cm
© Comité national Gibran

Sans titre, 1920-23
Aquarelle sur papier, 53 x 33 cm
© Comité national Gibran

Sans titre, d'après *Le Prophète*, 1920-23
Aquarelle sur papier, 26,5 x 25 cm
© Comité national Gibran

Sans titre, 1912-14
Huile sur toile, 68,5 x 55 cm
© Comité national Gibran

The Slave, 1920
Mine de plomb sur papier, 28 x 21,5 cm
Don de Professeur et Mme Reginald Daly, 1932.48
© Fogg Art Museum, Harvard University Art Museums

And the Lamb prayed in his heart, 1920
Mine de plomb sur papier, 28 x 21,5 cm
Don de Professeur et Mme Reginald Daly, 1932. 47
© Fogg Art Museum, Harvard University Art Museums

I have come down the ages
Aquarelle sur papier, 35,5 x 26,6 cm
Don de Mary Haskell Minis, 1932 (32.45.3)
© The Metropolitan Museum of Art,

Sans titre, 1921
Aquarelle et crayon sur papier, 12 x 15,2 cm
Don de Mary Haskell Minis, 1950
© Telfair Museum of Art, Savannah

Sans titre, d'après *Le Jardin du prophète* (Nue accroupie reflétée
sur un étang avec des enfants flottant en l'air), 1930
Crayon, aquarelle, gouache, papier monté sur carton, 35,8 x 27,6 cm
Don de Mary Haskell Minis, 1950
© Telfair Museum of Art, Savannah

Medusa, c. 1905-1908
Pastel sur papier, 34,2 x 21,5 cm
Don de Mary Haskell Minis, 1950
© Telfair Museum of Art, Savannah

Sans titre, 1910-1912
Huile sur toile sur carton, 51 x 35,5 cm
© Comité national Gibran

Sans titre, 1914-1916
Aquarelle et fusain sur papier, 22 x 21 cm
© Comité national Gibran

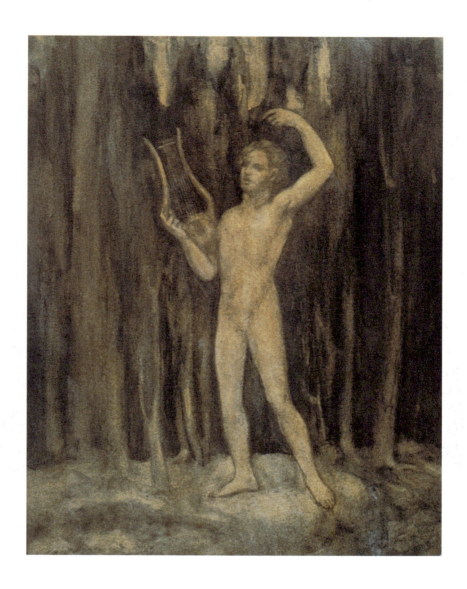

Orphée, 1923-1931
Aquarelle, 35 x 27 cm
© Comité national Gibran

Le Centaure, 1912-1914
Huile sur toile, 102 x 85 cm
© Comité national Gibran

L'esprit des Centaures, 1912
Huile sur toile, 44,5 x 47,5 cm
© Collection Kahlil Gibran

Sans titre (Personnages nus se reposant), non daté
Aquarelle et crayon sur papier, 5 x 13 cm
Don de Mary Haskell Minis, 1950
© Telfair Museum of Art, Savannah

Sans titre, non daté
Huile sur toile, 65 x 81 cm
© Comité national Gibran

Gibran au Collège de la
Sagesse à Beyrouth vers 1898
© Mohsen Yammine

Vous vous élèverez au-dessus de vos paroles jusqu'à un sommet où tombe

la poussière des étoiles et vous ouvrirez vos mains jusqu'à ce

qu'elles soient remplies. Puis, vous vous étendrez pour dormir

comme un oisillon blanc dans un nid blanc et vous rêverez à votre lendemain,

comme des blanches violettes rêvent du printemps.

Oui, mais vous descendrez aussi plus bas que vos paroles .

Vous chercherez les sources perdues des ruisseaux

et vous serez une grotte cachée renvoyant l'écho des faibles voix des profondeurs

que vous êtes incapables d'entendre maintenant.

Vous descendrez plus bas que vos paroles, oui, plus bas que tous les sons,

jusqu'au véritable cœur de la terre, et là, vous serez seul

avec Celui qui se promène aussi à travers la voie lactée.

Khalil Gibran, *Le Jardin du prophète*,
éd. Casterman, 1979

Khalil Gibran

Ô terre !
La machine et l'esprit
Les neuf malheurs
Ô ma chambre
Cantique de l'homme
À Auguste Rodin

Ô Terre !

Que tu es belle, que tu es splendide, ô Terre !
Que ton imitation de la lumière est complète, que ta soumission au soleil est noble !
Que tu es élégante, ornée d'ombres, que ton visage est beau, masqué de nuit.
Que sont agréables les chansons de ton aube et qu'elle est immense l'allégresse de ton soir
Que tu es complète, ô Terre, et que tu es sublime.

[...]

Que tu es généreuse, ô Terre, et que ta patience est longue
Que tu es tendre avec tes enfants qui délaissent leurs vérités pour leurs illusions, égarés entre ce qu'ils ont atteint et ce qu'ils n'ont pas atteint.
Nous hurlons, et toi, tu ries.
Nous partons, et toi, tu expies.
Nous blasphémons, et toi, tu bénis.
Nous souillons, et toi, tu sacres.
Nous dormons et ne rêvons pas, et toi, tu rêves au cours de tes veilles infinies.
Nous blessons ta poitrine avec nos épées et nos lances, et toi, tu enduis nos blessures d'huile et de balsam.
Nous plantons dans tes paumes des os et des squelettes, et toi, tu les fais éclore en peupliers et saules.
Nous laissons en toi l'injustice, et toi, tu emplis nos champs de gerbes et nos pressoirs de raisins.
Nous teintons ton visage de sang, et toi, tu nous laves le visage avec du nectar.
Nous nous saisissons de tes éléments pour en faire des canons et des obus, et toi, tu te saisis de nos éléments et tu en fais des roses et des lys.
Que ta patience est grande, ô Terre, et que ta douceur est infinie.
Qu'es-tu, ô Terre, et qui es-tu ?

[…]
Qu'es-tu, ô Terre, et qui es-tu ?
Ô Terre, tu es ma vue et mon discernement, tu es mon entendement, mon imagination et mes rêves, tu es ma faim et ma soif, tu es ma souffrance et ma joie. Tu es mon insouciance et ma concentration.
Tu es la beauté à mes yeux, le désir à mon cœur, l'éternité à mon âme.

Tu es moi, ô Terre, si je n'avais été, tu n'aurais pas été.

Ce texte est paru dans *Merveilles et Curiosités*, et nous en publions ici des extraits.

La machine et l'esprit

S'il nous était permis de diviser le temps en époques, et de donner un nom à chaque époque, nous aurions qualifié notre époque de « mécanique », car, de façon générale, la pensée humaine s'y préoccupe d'inventer et de créer les machines pour chacune des tâches de l'homme. Les machines influencent énormément notre vie quotidienne, et nous ne réalisons plus aucune tâche sans une machine encore plus puissante fonctionnant sur l'une des forces naturelles, au sens des mathématiques. Nous en sommes arrivés à ne penser à un acte abstrait que de manière mécanique et nous n'arrivons à percevoir une question spirituelle qu'en lui appliquant des critères mathématiques. Nous ressemblons ainsi à une personne affamée à qui l'on demanderait : « Que font quatre plus quatre ? », et qui répondrait : « huit pains ».

Je n'ai jamais entretenu une personne compétente en religion sans qu'elle cherche à m'expliquer sa doctrine d'une manière qui ressemble au montage des roues et des grues...

Je n'ai jamais entretenu l'un de ces modernistes sur ce qu'il y a derrière les apparences (et les choses visibles) sans qu'il me remplisse les oreilles des éléments premiers de la Chimie et des preuves expérimentales.

Je n'ai jamais parlé d'un rêve de l'âme, d'une envie du cœur ou d'une intention de l'âme sans qu'un groupe de gens m'entoure aussitôt en criant haut et fort : « Quelle relation y a-t-il entre les rêves et la vapeur ? Quelle relation y a-t-il entre l'envie et l'électricité ? Comment concilier l'intention de l'âme et l'attraction de la terre ? »

Je n'ai jamais prononcé le mot « amour » sans que jaillisse des fissures de la Terre un jeune homme bien habillé disant : « L'amour, ce sont des secousses telluriques entre deux personnes. »

Je n'ai jamais mentionné Dieu sans que quelqu'un vînt me dire : « Il est le moteur des moteurs. »

Je n'ai jamais évoqué la vertu sans que l'on me dise : « c'est (l'huile) (qui fait tourner les roues de la vie qui facilite la rotation (marche) des roues de la vie. »

Je n'ai jamais mentionné l'âme sans que l'on me dise (demande) :

« Est-elle le chemin le plus court entre deux points ? »
Je n'ai jamais parlé de l'éveil de l'âme sans que l'on me réponde qu'elle est un composé de deux simples : le moteur et le mobile.
Quant à l'inspiration, elle est, pour ces éminences, un mouvement hélicoïdal parmi les mouvements horizontaux.
Quant à l'imagination, elle est la lunule résultant de causes verticales.
Quant à la beauté, elle est le plus petit côté du triangle inégal.
De façon générale, tu ne peux parler d'un quelconque fait occupant ton esprit aux heures du jour et accaparant ton âme dans le calme de la nuit sans que ne surgisse quelqu'un qui (les traduit) tente de te les représenter d'une façon mécanique, de sorte que tu te sentes, partagé que tu es entre les bienfaits de la vie et ses étrangetés, comme dans l'une de ces nouvelles usines où se fabriquent des obus et des canons.
Après avoir pris connaissance de ce qui précède, certains pourraient penser que je suis de ceux qui rejettent toutes choses en leur siècle et leur milieu, et vivent dans le souvenir des siècles passés.
D'autres se risquent à dire : « Celui qui travaille dans les beaux-arts déteste les questions pratiques et rejette les machines et les mathématiques. »
Pour les rassurer, je dis : je crois à l'unicité de la vie.
Je crois à la progression de la vie du bien au meilleur, et je crois à la validité de chacune des apparences de la vie, y compris ces apparences qui paraissent laides à nos yeux faibles.
Je crois au bruit des machines métalliques autant qu'au chant du merle dans une forêt isolée au milieu des collines.
Je crois aux sciences expérimentales fondées sur l'induction sensible autant qu'aux rayons invisibles qui touchent nos âmes nous poussant à composer une poésie, à fredonner une chanson ou à dessiner une image.
Je crois dans les mathématiques et étreint leur corps frigorifié autant qu'aux convois de rêves qui défilent pendant que nous sommes réveillés.
Je crois à toutes ces choses, et je m'incline devant elles avec l'expression de ma soumission et de mon obéissance.

Cependant, et malgré toute la foi qui submerge mon âme, j'ai pitié pour ceux qui traduisent tout ce qu'il y a dans la vie dans le langage mécanique.
Je m'énerve contre ceux qui croient que l'arbre de la vie ne donne qu'un seul fruit.
Je m'énerve contre ceux qui nient tout, hormis ce qu'ils voient de leurs yeux et palpent de leurs doigts, et j'ai pitié pour eux.
Je m'énerve contre ceux qui parlent de Dieu, de la vie, de l'âme, de l'inspiration, de l'éternité, comme s'ils parlaient du bureau d'un chimiste ou d'un musée de momies ou d'une usine de sous-marins, et j'ai pitié pour eux.
Je m'énerve contre ceux-là et j'ai pitié pour eux, et si la pitié était à même de laver le voile qui couvre les regards, je me serais transformé en entier en ruisseau qui coule en fredonnant jour et nuit.

Texte manuscrit de Gibran, publié ici pour la première fois dans son intégralité. Le titre est de l'éditeur.
© Comité national Gibran

Les neuf malheurs

Malheur à une Nation qui délaisse la religion pour le rituel, le champ pour la ruelle, la sagesse pour la logique.

Malheur à une Nation qui s'habille avec ce qu'elle n'a point tissé, qui consomme ce qu'elle n'a point planté, et qui boit ce qu'elle n'a point pressé.

Malheur à une Nation défaite qui tient les parements de son vainqueur pour de la perfection et sa propre laideur pour de la beauté.

Malheur à une Nation qui hait l'injustice pendant son sommeil et s'y soumet à son éveil.

Malheur à une Nation qui ne hausse la voix qu'en marchant derrière le cercueil, qui ne s'enorgueillit que lorsqu'elle se tient debout au cimetière et qui ne se soulève que quand son cou se trouve entre l'épée et le billot.

Malheur à une Nation dont la politique est retorse, la philosophie illusionniste et l'industrie rapiéceuse.

Malheur à une Nation qui accueille tout conquérant avec tambours et trompettes, et qui célèbre ensuite sa défaite par des sifflements et des cris, pour accueillir un autre conquérant avec tambours et trompettes.

Malheur à une Nation dont le sage est muet, le puissant aveugle et le rusé bavard.

Malheur à une Nation dont chaque tribu est en soi une nation.

Tiré de Le Jardin du prophète.

Ô ma chambre !

Ô chambre si amène et sereine, capitonnée de quiétude et de calme, parée de repos et de paix ! Ô chambre, belle en sa simplicité, harmonieuse et agréable en ses lignes et couleurs ! Je te sens (t'aime), ma chambre, car tu es dépouillée (nue) de décorations superflues et de parements artificiels. Je suis attiré par toi parce que tu es dépourvue des apparences du luxe. Au cœur de cette ville, tu es semblable à une île calme au milieu d'une mer (tumultueuse) furieuse. Ô ma chambre, je te quitte calme et je retourne à toi fatigué. Je te quitte pour les disputes et les luttes, et je retourne à toi pour contempler et rêver. Tes murs ont des oreilles qui entendent mes soupirs, et ton plafond a des yeux qui voient les fantômes (de mes jours). Pourtant, tes coins n'ont pas de langues pour livrer les secrets de mon cœur et les facultés de mon esprit.

J'entre chez toi. Je referme ta porte et j'appuie ma tête contre ton mur. Je ressens mon être (mon moi moral), et j'oublie les méfaits et la laideur de cet environnement perturbé. Je me dépouille de l'habit tissé par l'imitation des us et coutumes. Ô ma chambre, l'homme n'a pas été créé pour vivre solitaire, isolé de ses semblables, mais que peut faire l'homme libre parmi des gens qui prétendent être libres et qui grouillent comme des insectes autour des pieds de la servitude ? Et comment l'âme sensible pourrait-elle se sentir à l'aise en compagnie de ceux qui confondent rudesse et gentillesse, artifice et beauté, bavardage et connaissance ? Comment l'homme trouverait-il son calme parmi des gens qui ne se sentent à l'aise que dans l'éloignement, l'égoïsme et la trahison ?

Je te quitte, ô ma chambre, et je sors. Dans la rue je vois les femmes de mauvaises conditions marcher le cou tendu, clignant de l'œil et souriant. Derrière leurs cils tremblants à force de cligner et leurs mâchoires vibrant à force de sourire, il y a des cœurs sanglants et souffrants (des langues haletant) et des âmes errantes, recluses dans l'ombre du désespoir et de la prostration, alourdie par la peur, la honte et la luxure. Et à côté de ces pauvres femmes (et derrière ces pauvres femmes) se tiennent des hommes dont l'esprit s'est abaissé jusqu'à toucher terre et dont l'âme a rapetissé jusqu'à la taille des insectes. Ils s'assoient (à l'entrée des tavernes) aux tables de boisson à échanger des grivoiseries, et ils marchent dans les ruelles, en se retournant comme des loups furtifs. Si une femme vertueuse vient à passer près d'eux, ils lui jettent un regard (grossier) mauvais, et ils l'assaillent de mots dont le sens est semblable aux odeurs de la charogne.

Je sors de toi, ô ma chambre, et je me rends à l'église, et j'y trouve des fables dressées sur l'autel de la religion et l'hypocrisie vêtue des habits de la vertu et de la tradition…

Texte manuscrit de Gibran, publié ici pour la première fois.
© Comité national Gibran

Cantique de l'homme

> « *Vous étiez morts et il vous a ressuscités,*
> *puis vous a tués de nouveau,*
> *puis vous a ressuscités et c'est à Lui que vous retournerez* ».
> Le Coran

J'ai, depuis toujours, été. Et me voici qui suis. Et je subsisterai jusqu'à la fin des temps. Et mon être ne connaîtra pas d'extinction.

J'ai nagé dans l'espace de l'infini, et me suis envolé dans l'univers des songes, et je me suis approché du cercle de la lumière suprême ; et voici qu'aujourd'hui, je suis le prisonnier de la matière.

J'ai écouté l'enseignement de Confucius, et j'ai prêté l'oreille à la sagesse de Brahma, et je me suis assis près de Bouddha sous l'arbre de la Connaissance ; et voici que maintenant je lutte contre l'ignorance et la stupidité.

Je me suis trouvé sur la montagne où Jéhovah est apparu à Moïse, au passage du Jourdain, j'ai assisté aux miracles du Nazaréen ; et, à Médina, j'ai entendu les propos du Prophète des Arabes ; et voici qu'aujourd'hui je suis le prisonnier du doute.

J'ai contemplé la force de Babylone, la gloire de l'Égypte et la grandeur de la Grèce, et cependant je ne cesse de voir la faiblesse, l'humiliation et la petitesse transparaître à travers ces prodiges.

Je me suis assis dans la compagnie des magiciens d'Aïn-Dour, et celle des prêtres d'Assur, et celle des prophètes de Palestine, et je n'ai pas cessé de clamer la vérité.

J'ai gardé mémoire de la sagesse qui était descendue sur l'Inde, et j'ai laissé monter en moi la poésie jaillie du cœur des habitants de la Presqu'île Arabique, et j'ai pris conscience de la musique en qui avaient pris corps les émotions des habitants du Maghreb ; et me voici aveugle ne voyant et sourd n'entendant.

J'ai subi la violence de conquérants ambitieux, et j'ai supporté l'injustice de gouvernants arbitraires et l'esclavagisme imposé par de puissants obtus ; et me voici dorénavant sans force pour affronter la succession des jours.

J'ai vu et j'ai entendu tout cela alors que je n'étais qu'un enfant ; et sans doute verrai-je et entendrai-je cela qui concerne les actions des jeunes et leur sort ; puis je vieillirai et j'atteindrai la perfection et je retournerai à Dieu.

J'ai, depuis toujours, été. Et me voici qui suis. Et je subsisterai jusqu'à la fin des temps. Et mon être ne connaîtra pas d'extinction.

Texte de Gibran inédit en français
tiré de Larme et sourire.

À Auguste Rodin

Ô Maître de l'argile !
Vers quel autre élément plus pur as-tu porté tes mains adroites ?
Quelle forme plus noble que l'homme capte maintenant ton regard perçant ?
Et quels rêves plus élevés as-tu aujourd'hui ?
Ô Maître de l'argile !
Quelle matière plus adaptée est-elle saisie par ton art ?
Quelle lumière, quelle ombre, quelles lignes plus assurées ont-elles capté ta vue ?
Quels rêves plus courageux as-tu aujourd'hui ?

Quand, enfant, j'étais égaré dans les vieilles collines où le marteau et l'enclume étaient pendant longtemps muets, j'ai prononcé ton nom.
Il semble qu'un être invisible s'exprimât avec mes lèvres afin de briser le silence monotone.
Le voile a été écarté et parmi le groupe sacré des hommes-seigneurs, je t'ai dévisagé trois fois construisant la maison de Dieu dans laquelle se réfugie l'homme, tandis que l'âme de l'homme loge dans la connaissance de soi. Je me suis consolé et mon cœur a su que la vie n'était pas souvenirs détruits de la veille, et espoirs moroses non plus... J'ai su que le temps en son entier, le lieu en sa totalité et tout l'esprit... étaient une vague impérieuse de chansons insistantes. J'étais heureux car j'ai perçu dans ta voix le murmure de Thèbes, d'Athènes et de Florence... J'étais délaissé... et je voyais en toi le fil d'or sur le métier à tisser de la vie éternelle...
Ô Maître de l'argile, que n'es-tu resté plus longtemps !
Que n'as-tu observé le milieu de cette nuit grondante, aube de la deuxième terre.
Que ne t'es-tu attardé, afin de voir le visage le plus accompli de la France, d'adapter sa forme la plus libre que l'homme peut dévisager dans l'image de son moi intime et libre.

Poème en prose composé par Gibran à la mort d'Auguste Rodin en 1917, tiré de *Gibran dans son musée*, Wahib Kayrouz.

Témoignages

Illumination Gibran écrivain, peintre, poète, est un modèle d'être humain accompli du XXe siècle et du Proche-Orient. Son œuvre ardente a mis en échec les méfaits de son siècle et continue d'illuminer de sa tendre poésie l'éternelle jeunesse de l'esprit par laquelle l'humanité peut goûter à la beauté et au bonheur de vivre.

Paris, juillet 1998
Abdel Rahman El Bacha, Pianiste

Vision globale Actualité de Gibran. Cette attention aux êtres et aux choses, dans l'ouverture, la bienveillance, la tendresse. Cette vision globale, qui embrasse toutes les formes de l'activité humaine et leur donne sens. Cette éthique omniprésente, comme consubstantielle à la pensée et à l'action. Oui, nous avons aujourd'hui grand besoin de cette œuvre, exigeante et fraternelle.

Paris, 29 juillet 1998
Federico Mayor, Directeur général de l'Unesco

Khalil Gibran, vue de profil, 1897
Photo Fred Holland Day
RPS 3576
© The Royal Photographic Society

Le beau et le mystique De Gibran, j'ai conservé une excellente impression. Je n'ai pas lu ses ouvrages dans le texte anglais, mais dans la belle traduction qu'en a faite Tharwat Okacha. C'est ainsi que j'ai pris connaissance, à des moments différents, de quelques-uns des livres mystiques de Gibran. Parler de Gibran exige une étude approfondie et un examen serein. Aussi me contenterai-je ici d'exprimer quelques impressions à l'encontre de cet écrivain qui joua un rôle dans la modernisation de la littérature arabe, conjointement aux autres auteurs de l'émigration.

J'ai également pris connaissance de la relation qui existait entre Gibran et May Ziyadé par le biais de leur correspondance. Sa relation avec la femme écrivain a représenté l'un de ses liens avec l'Égypte où beaucoup de ses ouvrages ont été publiés, y laissant un impact très large. Notre génération l'a également connu d'une manière ou d'une autre, par le biais de ses textes arabes ou des traductions de ses écrits anglais, ou bien encore des articles qu'il a publiés dans la revue *al-Hilal*. Sa production en a fait l'un des auteurs qui ont fondé la relation nouvelle à la culture arabe au cours de la première moitié du XXe siècle.

Quel que fût le sujet traité, qu'il fût lié au vécu, à des questions épineuses, ou à des problèmes spirituels et métaphysiques, Gibran manifestait toujours dans l'expression un courage et une originalité qui marquent son œuvre.

C'est ainsi que Gibran a connu les voies secrètes qui lui ont permis de maintenir un lien constant avec ses lecteurs de toute origine géographique. Et ce qui a démultiplié la puissance de ce lien, c'est que Gibran a porté une attention particulière à l'essence et aux motivations de l'homme ; et il s'agit là d'une dimension universelle qui outrepasse les différences et les oppositions quelles qu'elles soient.

Quand je pense aujourd'hui à Gibran, j'admire son romantisme. Je sais qu'il est énormément lu en Amérique et dans de nombreux pays dans le monde, car il est parvenu à atteindre des lecteurs dont les appartenances et les orientations sont extrêmement variées. Et il a assuré à la culture arabe une forme d'expression en Occident avant même que le Nobel ne s'intéresse au monde arabe. Il est le seul auteur arabe dont la voix est parvenue en Amérique avant que je reçoive le prix Nobel et que l'on se mette à traduire mes livres en anglais et dans d'autres langues étrangères.

Enfin, il en est qui tentent d'établir un lien entre le comportement de Gibran et sa production, mais il ne me paraît pas justifié de rechercher un rapport entre la conduite d'un auteur et sa création. Pour évaluer un auteur, il importe de se pencher sur sa créativité, et non sur sa conduite. Chez certains auteurs, il existe un hiatus entre leur conduite et leur œuvre. Et quand nous jugeons leur production, seule la valeur de celle-ci nous importe. La production de Gibran possède une grande qualité littéraire, laquelle est d'autant plus grande qu'elle a une dimension spirituelle profonde.

Le Caire, juillet 1998
Naguib Mahfouz, Prix Nobel de Littérature

Méditation et révolte La première fois que j'ai aperçu, dans une édition américaine de poche, *Le Prophète* de Khalil Gibran, c'était dans mon adolescence à Calcutta. Le livre était exposé à la devanture d'une librairie un peu à l'écart d'une grande rue bruyante et poussiéreuse. Plusieurs dizaines d'années ont passé, pourtant déjà à cette époque son nom, et surtout son *Prophète*, avaient commencé leur tour du monde, atteignant un rivage aussi éloigné que le Bengale.
L'âge me manquait alors pour le lire et surtout pour saisir le sens de son message, ma connaissance de l'anglais à l'époque étant en outre insuffisante. Plus tard, lorsque l'occasion se présenta, à peine avais-je lu quelques lignes de cet ouvrage que son discours apparut quelque peu familier à quelqu'un comme moi venant de la partie du monde dont j'étais originaire. Ce qu'on nomme, d'une manière générale et confuse, la spiritualité, tout au moins celle qui a caractérisé depuis des siècles notre histoire et notre littérature, se retrouvait ici et là disséminée dans l'œuvre de Gibran. Toutefois, je me rappelle aujourd'hui encore que dans cette première rencontre je discernais un ton nouveau qui m'apparut très personnel et j'y ressentis comme un espoir concernant l'homme et son univers en même temps que l'expression

d'un refus total qui lui appartenait en propre. Un refus de quoi ? D'une grande partie du système en vigueur dans le monde et des règles qui le régissent. Il m'apparut alors que dans le discours de Gibran méditation et révolte, aube pourpre et nuées d'orage, l'individu et l'absolu, tout cela se fondait en une parfaite unité.

Cette première impression sur l'homme et son œuvre n'a cessé au fil des jours de se renforcer. Je sais à présent que Gibran représente une modernité, celle de tous les temps, qu'il n'est autre qu'un de nos frères, un parent illustre et proche. Les quatre avenues au carrefour desquelles il se tient dans sa majesté imposante s'appellent Orient, Occident, passé et avenir.

Le siècle dont le début vit naître sa carrière artistique touche aujourd'hui à sa fin. Il fut marqué par une barbarie qui a peu de parallèle dans l'Histoire. Et pourtant dans notre imagination, à nous si fragiles et éphémères, jaillit un espoir étrange pour les années à venir. Cet espoir appartient au même clan que celui de Khalil Gibran.

Paris, juillet 1998

Lokenath Bhattacharya, écrivain. Dernier titre paru : *Eaux troubles, du Gange à l'Aveyron*, Fata Morgana, Paris, 1995.

Rêve d'Orient Ce sont des spécificités nouvelles et brillantes dans la forme artistique et d'autres dans le contenu et le message qui ont amené les lecteurs arabes d'abord, puis les lecteurs anglophones, à aimer le poète, le peintre et le précurseur humaniste, Gibran Khalil Gibran.
Il arriva aux États-Unis, armé de la pureté des débuts de la renaissance culturelle dans son pays, le Liban, sorti du joug du pouvoir ottoman et de la féodalité confessionnelle et politique. Il y adjoignit ce qu'il y avait de mieux dans la vie américaine, la sincérité due à la dimension évangéliste, c'est-à-dire cette capacité étonnante à mêler spiritualité et pratique. Il acquit de ce fait la capacité de l'homme contemporain à influencer son milieu, et à rayonner sur sa patrie arabe et dans le monde.
Depuis qu'il était enfant dans le village libanais de Bécharré, il avait déclaré la guerre aux fanatismes et il les avait rejetés en fils authentique de toute la nation et de ses valeurs. Et personne ne l'égala dans la magie de l'écriture et l'influence dans le monde nouveau, hormis les voix sorties des tréfonds de l'Asie, telles que Tagore et Ghandi.
Dans ses écrits, on assiste déjà à la naissance d'un monde : il s'agit du Tiers-Monde qui apparaît après la Seconde Guerre mondiale, c'est-à-dire peu après que Gibran eut quitté ce monde.
Il provoqua dans le discours arabe une véritable révolution ; il libéra le mot en cherchant à libérer la vie et l'art, la pensée et la religion. Il réussit à unir la simplicité et l'étrangeté dans un écrit arabe sans antécédent. Et s'il est vrai que le style est ce qui est le plus élevé et le plus long à se réaliser chez un auteur, Gibran a été, du fait de son style génial, le premier créateur arabe de son temps. Tout ce qui fut avant lui est "l'avant-Gibran", et tout ce qui est venu après lui est "l'après-Gibran".

En lui et sur sa lancée, l'homme arabe a respiré aussi bien en Orient qu'en Occident. Les brises de la vieille Andalousie étaient issues du mélange miraculeux entre le monde de l'Islam, le monde du christianisme et le monde du judaïsme, et par conséquent, entre les dimensions contemplatives du désert et de sa spiritualité d'une part, et l'indulgence de la nature, de l'eau et de leurs richesses d'autre part. Gibran a voulu adresser une parole nouvelle à une nation arabe qui tentait de renaître et une parole nouvelle à de nouvelles nations qui voulaient maintenir un lien avec l'ancien monde ; toutes deux l'ont écouté, et il ne fut étranger à personne, lui qui était étranger par le style, la pensée, et la mission.
Dans une nouvelle, il raconte qu'un navire ayant manqué d'eau en pleine mer, ses marins et ses passagers le désertèrent. Les bateaux passaient rarement par là, et quand il en arrivait un près des naufragés assoiffés qui réclamaient de l'aide, il ne s'arrêtait pas. Ils expédièrent un message radio à un navire lointain qui disparut à l'horizon après avoir répondu par ce court message : jetez votre seau là où vous êtes. La nouvelle nous apprend que les passagers et les marins du navire envoyèrent leur seau à la mer, et voilà que l'eau s'avérait pure et potable, car sans le savoir, ils se trouvaient au milieu de courants d'eau qui rendaient buvable l'eau de mer.
« Jetez votre seau là où vous êtes », tel est donc l'appel lancé par Gibran pour le changement et l'approfondissement de soi et de son milieu. Car il n'est aucun homme qui serait incapable de changer à cause de son milieu et toute personne possède la capacité de changer.
Cette idée est d'autant plus importante qu'elle fut émise par quelqu'un qui connaissait le fanatisme et le nationalisme et le confessionnalisme, et dont le souci premier était l'homme, l'homme en son entier.

Beyrouth, août 1998
Monah al-Solh, penseur.

L'autre texture Quand j'étais sur les bancs de l'école, au début des années 1930, les ouvrages de Gibran me bouleversaient profondément et très souvent m'enchantaient... N'était-il pas un modèle pour l'époque ? Sa prose aux mille parfums égalait bien des odes de ses contemporains. Elle a rejailli jusque dans ses nouvelles, en dépit du fait que celles-ci transgressaient les règles convenues. Elle a ébloui et séduit l'adolescent que j'étais, … puis passa, jour après jour, au fil des années, imperceptiblement. Mon émigration ne devait pas me conduire à dédaigner l'apport créatif que Gibran a introduit dans notre littérature arabe ; de là naquit une autre texture, une autre substance, un nouveau mot.
Et me voilà aujourd'hui opérant un retour vers Gibran, mû par la passion pour un passé révolu, et je m'aperçois que les soixante et quelques années écoulées n'ont pas terni l'éclat de son génie poétique.

Beyrouth, juillet 1998
Fouad Kanaan, écrivain. Auteur de *Fleuves de Babel*, éd. Dar Khater, Beyrouth, 1998.

Dire le réel plus vaste Avec al-Maari, j'ai toujours privilégié « les sages qui meurent de colère ». Ceux-là au moins ne gardent pas au visage l'expression sucrée d'une insondable hypocrisie… D'où vient donc qu'Al-Mustafa, le Prophète à qui Gibran a donné souffle, loin de m'agacer comme il devrait, parle directement et souvent gaiement à mon cœur ?
C'est que ce porteur de parole dépasse, sans y prêter plus d'attention qu'il ne faut, le dilemme ressassé de l'interprétation et de la transformation du monde. Lui se soucie exclusivement, ce qui n'est déjà pas une mince affaire, de changer le réel en le dévoilant ici et maintenant. Tout se révèle alors plus vaste. Les frontières s'effacent entre le moi, le tu et les nous.
Le divin n'est plus à débusquer dans les nuages ou les livres, il est à éveiller en chacun, et seulement au-dedans, au creux des corps faits de muscles et de sang, d'os, et de peau, mais aussi de rêves, de passions et de joie, d'âme et d'amour. Gibran n'annonce pas la félicité future, il en tient pour l'exploration lucide du royaume éphémère qui nous est laissé en partage, et qui peut s'étendre à l'infini pour peu qu'une douce aptitude à la dépossession le transfigure en une chambre d'échos.

Paris, août 1998
André Velter, poète. Dernier titre paru *Le Septième Sommet, poèmes pour Chantal Mauduit*, éd. Gallimard, Paris, 1998.

Khalil Gibran
L'avenir de la langue arabe

L'avenir de la langue arabe

1. Quel avenir pour la langue arabe ?
La langue est l'une des formes de l'innovation dans l'ensemble d'une nation ou dans son être général. Si la force de création s'assoupit, la langue cesse d'évoluer. Or, tout arrêt signifie régression, et la régression signifie mort et décrépitude.

L'avenir de la langue arabe dépend donc de l'avenir de la pensée créatrice, fût-elle existante ou non, dans l'ensemble des nations qui parlent la langue arabe. Si cette pensée existe, l'avenir de la langue arabe serait alors aussi immense que son passé, sinon son avenir ressemblerait à l'état actuel de ses langues sœurs, le syriaque et l'hébreu.

Qu'est-ce donc que cette force que nous appelons force créatrice ?
Au sein d'une nation, elle est la volonté d'aller de l'avant. Dans son cœur, elle est la faim, la soif et le désir d'atteindre l'inconnu. Dans son âme, elle est une série de rêves qu'elle cherche à réaliser jour et nuit, mais dès qu'elle en réalise un chaînon à l'un des bouts, la vie en rajoute un à l'autre bout. Chez les individus, elle est le génie, et dans le groupe l'ardeur. Et le génie n'est rien d'autre chez les individus que la capacité de doter les tendances cachées du groupe de formes apparentes et sensibles. Au cours de la période pré-islamique, le poète avait surgi parce que les Arabes eux-mêmes étaient dans une situation d'éveil. À l'âge d'or, le poète prospéra, car les Arabes se trouvaient en pleine extension. Par la suite, il se démultiplia car la Nation islamique s'ouvrait à toutes les nationalités. Et le poète continua de progresser, de s'élever et de changer, devenant tour à tour philosophe, poète ou astrologue, jusqu'à ce que le sommeil gagne la force créatrice dans la langue arabe, de sorte qu'elle s'endormit, et que par l'effet de son sommeil, les poètes devinrent des rimailleurs, les philosophes des sophistes, les médecins des charlatans et les astrologues des chiromanciens.

Si ce qui précède est vrai, l'avenir de la langue arabe serait lié à la force créatrice dans l'ensemble des nations qui parlent cette langue. Et si ces nations possédaient une essence particulière ou une unité morale et que cette force créatrice résidant dans cette essence s'était réveillée après un long sommeil, l'avenir de la langue arabe serait aussi immense que son passé, ou sinon rien de tel n'adviendrait.

2. Comment la langue sera-t-elle affectée par la civilisation et l'esprit européens?

L'influence est une forme de nourriture extérieure qu'ingurgite la langue, qu'elle mâche et avale pour transformer ce qui lui semble bon en une partie intégrante, vivante, d'elle-même, de la manière dont l'arbre transforme la lumière, l'air et les éléments constitutifs de la terre en rameaux, feuilles, fleurs et fruits enfin. Mais si la langue n'avait pas de molaires pour écraser, ni d'estomac pour digérer, la nourriture serait pure perte, ou bien elle se transformerait en poison mortel. D'ailleurs, combien d'arbres ne rusent-ils pas avec la vie en restant dans l'ombre, car sinon ils dépériraient et mourraient sitôt placés dans la lumière du soleil. Il a été dit : Celui qui possède, il lui sera donné encore et davantage, et celui qui ne possède pas, il lui sera encore retiré.

Quant à l'âme occidentale, elle correspond à l'un des cycles de l'humanité et l'un des chapitres de sa vie. La vie de l'homme est un énorme convoi qui va toujours de l'avant. Et de la poussière dorée qui s'élève sur les côtés de sa route se forment les langues, les gouvernements et les confessions. Car les nations qui marchent à l'avant de ce convoi sont celles qui innovent, et tout créateur exerce une influence; et les nations qui marchent à l'arrière sont les nations qui imitent, et l'imitateur ne fait que subir les influences. Quand les Orientaux constituaient l'avant-garde et les Occidentaux les suiveurs, notre civilisation avait eu une influence gigantesque sur leur langue. Et voilà que ces derniers sont devenus eux-mêmes l'avant-garde et nous les suiveurs, et que la civilisation occidentale s'est mise, par la force des choses, à avoir une influence considérable sur notre langue, nos pensées et nos mœurs.

Pourtant, les Occidentaux recueillaient dans le passé ce que nous cuisinions pour le mâcher et l'avaler, transformant ce qui en était valable en leur propre essence occidentale. Quant aux Orientaux, ils recueillent

aujourd'hui ce que les Occidentaux cuisinent et ils l'avalent, mais sans l'intégrer à leur essence ; ce sont eux plutôt qui se transforment en simulacres d'Occidentaux ; situation que je crains et qui m'exaspère, car elle me fait apparaître l'Orient tantôt comme un vieillard édenté, tantôt comme un enfant qui n'a pas encore ses dents !
L'esprit de l'Occident est à la fois notre ami et notre ennemi. Il est notre ami si nous le dominons et notre ennemi s'il nous domine. Il est notre ami si nous lui ouvrons notre cœur et notre ennemi si nous lui donnons notre cœur. Il est un ami si nous prenons de lui ce qu'il nous convient, et un ennemi si nous nous mettons dans l'état qui lui convient.

3. Quel sera l'effet de l'évolution politique sur les différents pays arabes ?
Écrivains et penseurs d'Occident et d'Orient sont convenus que les pays arabes se trouvaient dans un état de confusion politique, administratif et psychologique. La plupart d'entre eux pensent que la confusion est source de ruine et de décrépitude.
Quant à moi, je me demande si c'est de confusion qu'il s'agit ou bien plutôt d'ennui.
S'il s'agit d'ennui, il faut savoir que l'ennui est la fin de toute nation et l'achèvement de tout peuple, car l'ennui est déchéance en forme d'assoupissement, et mort sous la forme de sommeil.
Et si, de fait, il y avait de la confusion, elle serait à mon sens toujours utile, car elle ferait apparaître ce qui était scellé dans l'âme de la nation, et transformerait sa griserie en lucidité, et son amnésie en éveil, à l'instar d'une tempête qui secoue violemment les arbres, non pour les arracher, mais pour faire tomber ses branches sèches et éparpiller ses feuilles jaunes. Et si la confusion apparaît au sein d'une nation qui possède encore quelque génie naturel, c'est là l'indice le plus clair de l'existence d'une force créatrice chez ses membres et d'une prédisposition dans l'ensemble de son groupe. La nébuleuse est le premier mot du livre de la vie, et non pas son dernier. Et la nébuleuse n'est rien d'autre qu'une vie perturbée.

Par conséquent, l'évolution politique des pays arabes aura pour effet de transformer la confusion en ordre, et l'obscurité et la confusion dont ils souffrent en ordonnancement et familiarité. Mais elle ne transformera point sa lassitude en allégresse et son ennui en enthousiasme. Avec de la glaise, le potier peut faire une cruche à vin ou à vinaigre, mais il ne peut rien tirer du sable et des cailloux.

4. La langue arabe se répandra-t-elle dans les écoles supérieures et les écoles élémentaires et va-t-on enseigner toutes les sciences dans cette langue ?
La diffusion de la langue arabe n'est pas généralisée dans les écoles supérieures et élémentaires au point de leur conférer une teinte nationaliste pure ; et la langue arabe ne sera pas utilisée pour enseigner toutes les sciences de façon à permettre que les écoles passent des mains des associations de bienfaisance, des comités confessionnels et des missions religieuses à celles des gouvernements locaux.
En Syrie par exemple, il se trouve que l'enseignement nous est venu de l'Occident. Nous dévorions et nous continuons de dévorer le pain de la charité car nous sommes des affamés faméliques. Ce pain nous a ranimés, et ce faisant, il nous a tués. Il nous a ranimés, car il a réveillé en nous toutes nos facultés, et a mobilisé un peu nos esprits. Et il nous a tués, car il a démultiplié nos discours, affaibli notre unité, coupé nos attaches et éloigné nos communautés l'une de l'autre, de sorte que nos pays sont devenus des ensembles de petites colonies de penchants différents, de tendances contradictoires, chacune d'elles se liant à l'une des nations occidentales, dont elle brandit le drapeau et chante les bienfaits et la gloire. Ainsi, le jeune homme qui a absorbé un peu d'enseignement à l'école américaine est devenu de façon naturelle un agent américain, et le jeune homme qui a avalé une gorgée d'enseignement à l'école des Jésuites est devenu un ambassadeur de la France et le jeune homme qui a porté une chemise tissée avec les fibres de l'école russe est devenu un représentant de la Russie... et ainsi de suite jusqu'à la dernière des écoles

qui forment chaque année des agents, des préposés et des ambassadeurs. La preuve éclatante de ce qui précède est la différence d'opinions et la divergence des positions actuelles sur l'avenir politique de la Syrie. Ceux qui ont étudié les sciences en langue anglaise veulent que la Grande-Bretagne ou les États-Unis soient les mandataires sur leur pays, et ceux qui les ont étudiées en langue française en appellent à la France pour prendre en charge leur destin et ceux qui n'ont étudié aucune de ces langues ne veulent pas de ces pays, mais ils suivent une politique plus proche de leurs connaissances et plus conforme à leurs facultés.

Notre penchant politique pour la nation qui nous prodigue l'enseignement est sans doute un geste de reconnaissance, tout à fait habituel au regard de l'esprit des Orientaux. Mais quelle reconnaissance est celle-ci qui d'un côté pose des pierres et de l'autre démolit des murs ? Quel sentiment est celui-ci qui fait pousser une fleur et arrache une forêt ? Quel sentiment est celui-ci qui nous fait vivre un jour et nous condamne pour l'éternité ?

Les véritables gens de bien en Occident n'ont pas placé dans le pain qu'ils nous ont envoyé épines ou arêtes. Bien entendu, ils ont voulu nous être utiles, et non pas nous faire du tort. Dès lors, comment a poussé cette épine et d'où est venue l'arête ? C'est là une question que je laisse pour une autre occasion.

Oui, la langue arabe se répandra dans les écoles supérieures et élémentaires, et toutes les sciences seront enseignées dans cette langue, de sorte que nos aspirations politiques s'unifieront et nos penchants nationalistes se développeront, car les aspirations s'unifient et les penchants s'étoffent dans les écoles. Cependant, cela ne se produira pas avant que nous soyons parvenus à prodiguer l'enseignement aux jeunes aux frais de la nation. Cela ne se fera pas avant que chacun de nous ne soit devenu le fils d'une seule nation plutôt que de deux nations opposées, l'une à son corps, l'autre à son âme. Cela ne se fera pas avant que nous ayions substitué le pain de charité par un pain pétri dans notre propre maison. Car le quémandeur qui est dans le besoin ne peut imposer ses conditions au bienfaiteur. Et celui qui se met dans la situation du solliciteur ne peut s'opposer au donateur. Car le solliciteur est toujours soumis et le donateur toujours libre.

5. La langue arabe littéraire vaincra-t-elle les différents dialectes et les unifiera-t-elle ?
Les dialectes populaires se transforment et s'adaptent. Les plus rugueux parmi eux s'affinent. Mais les dialectes ne dominent pas et ne domineront jamais — et il ne faut en aucun cas qu'ils l'emportent —, car ils sont la source de ce qu'on appelle le littéraire et le terreau de ce que l'on tient pour l'élégance du style.
Comme toute chose, les langues obéissent à la règle du maintien de ce qui est le mieux adapté. Et les dialectes populaires comportent bien des choses qui sont mieux adaptées et qui demeureront parce qu'elles sont plus proches de l'esprit de la nation et plus conformes à ses intentions. Je dis qu'elles demeureraient au sens où elles fusionneraient avec le corps de la langue et en feraient partie.
Chacune des langues occidentales possède son dialecte populaire. À ces dialectes correspondent des expressions littéraires et artistiques qui ne manquent pas de beauté et de créativité. Il y a même en Europe et en Amérique des poètes doués qui sont parvenus à concilier le dialecte avec la langue littéraire dans leurs poèmes et leurs chansons et à leur conférer style et émotion. Et à mon sens, la chanson que l'on trouve chez nous — mawwal, zajal, 'ataba — correspond à des écritures nouvelles, des emprunts réussis et des expressions élégantes et originales. Et si nous les comparions avec les poésies composées en langue littéraire, qui remplissent les colonnes de nos journaux et revues, elles feraient figure de bouquets de myrte à côté d'un monceau de bois, ou de troupes de jeunes danseuses et chanteuses face à des cadavres momifiés.
La langue italienne moderne était au Moyen Âge un dialecte populaire, et l'élite la nommait langue des Barbares. Mais quand Dante, Pétrarque, François d'Assise composèrent leurs poésies et leurs épopées immor-

telles, ce dialecte devint la langue italienne littéraire et, du coup, le latin en fut réduit à n'être plus qu'un squelette porté dans un cercueil sur les épaules des réactionnaires... Les dialectes populaires d'Égypte, de Syrie et d'Irak ne sont pas plus éloignés de la langue d'al-Maʿarrî et d'al-Mutanabbî que la langue italienne des Barbares ne l'était de celle d'Ovide et de Virgile. Et s'il advenait au Proche-Orient un homme de grande stature capable de composer une œuvre magnifique dans l'un de ces dialectes, celui-ci se transformerait en langue littéraire. Cependant, j'écarte pareille éventualité pour les pays arabes, car les Orientaux sont bien plus portés sur le passé que sur le présent ou l'avenir. Ils sont, consciemment ou non, des conservateurs. Et si un homme de génie surgissait en leur sein, il se verrait forcé, pour dévoiler ses dons, de suivre les voies rhétoriques déjà empruntées par les Anciens, et ces voies des Anciens ne sont rien d'autre que le chemin le plus court entre l'origine de la pensée et sa sépulture.

6. Quels sont les meilleurs moyens de faire vivre la langue arabe ?
Le meilleur moyen de faire vivre la langue arabe, ou plutôt le seul, se trouve dans le cœur du poète, sur ses lèvres et entre ses doigts. Car le poète est le lien entre la force créatrice et les hommes, il est la voie qui transporte ce que produit le monde de l'esprit vers le monde de la recherche, et ce que décrète le monde de la pensée vers le monde de la mémoire et de la préservation.
Le poète est à la fois le père et la mère de la langue. Celle-ci avance quand il progresse, et s'arrête quand il stagne, et s'il meurt, elle s'assoit près de sa tombe, à pleurer et se lamenter, jusqu'à ce que passe un autre poète qui la prend par la main.
Mais si le poète est le père et la mère de la langue, le traditionaliste quant à lui tisse son linceul et creuse sa tombe.
Par poète, j'entends tout inventeur fût-il grand ou petit, tout découvreur fût-il puissant ou faible, tout créateur fût-il immense ou modeste, tout amoureux de la vie, fût-il respectable ou vagabond, toute personne qui

reste aux aguets jour et nuit, fût-il philosophe ou gardien des vignes. Quant au traditionaliste, c'est celui qui ne découvre et n'invente rien, mais qui tire sa vie psychologique de ses contemporains, et fabrique ses vêtements moraux à partir de bouts de tissus récoltés chez ceux qui l'ont précédé.
Par poète, j'entends l'agriculteur qui retourne son champ avec un soc qui diffère ne serait-ce que légèrement de celui qu'il a hérité de son père, et auquel viendra quelqu'un donner un nouveau nom. C'est aussi le jardinier qui fait pousser à côté d'une fleur jaune et d'une fleur rouge une troisième fleur de couleur orange, à laquelle viendra quelqu'un donner un nouveau nom. C'est le tisserand qui tisse sur son métier une pièce dont le dessin et les lignes sont différents des tissus fabriqués par ses voisins tisserands, et auquel viendra quelqu'un donner un nouveau nom. C'est le marin qui dresse un troisième mât sur son bi-mât. C'est le maçon qui construit une maison à deux portes et deux fenêtres parmi des maisons qui ne possèdent qu'une porte et une fenêtre. C'est le teinturier qui mélange des couleurs que personne n'a mélangées auparavant et qui en tire une nouvelle teinte. Après le marin, le maçon et le teinturier, viendra quelqu'un qui donnera de nouveaux noms aux fruits de leur travail, ajoutant un nouveau mât au navire de la langue, une fenêtre à la maison de la langue et une teinte à l'habit de la langue.
Quant au traditionaliste, c'est celui qui va d'un endroit à l'autre sur le chemin déjà emprunté par mille et un convois, sans jamais s'en écarter de peur de s'égarer. C'est celui qui, pour son salaire, sa pitance et son habillement emprunte ces routes sur lesquelles ont marché mille et une générations, de sorte que sa vie demeure comme le retour de l'écho et que son être continue de ressembler à l'ombre pâle d'une vérité lointaine dont il ne sait rien et ne veut rien savoir.
Par poète, je désigne ce croyant qui entre dans le temple et s'agenouille, pleurant, exultant, se lamentant, jubilant, écoutant, implorant, et qui sort ensuite avec, sur la langue, des noms, des verbes, des lettres, des dérivés nouveaux destinés à décrire les formes de sa croyance qui se renou-

velle chaque jour et les genres d'extase qui changent chaque nuit, ajoutant ainsi une corde d'argent à la guitare de la langue et une tige d'arôme à son foyer.

Quant au traditionaliste, c'est celui qui répète la prière des croyants sans volonté ni émotion, laissant la langue dans l'état où il la trouve et maintenant le style personnel dans un état qui n'exprime ni style ni personnalité.

Par poète, je désigne celui qui, aimant une femme, isole son âme et l'éloigne des chemins des hommes afin que ses rêves habillent les corps avec la joie du jour, la crainte de la nuit, les lamentations des tempêtes, le calme des vallées, et qui retourne ensuite tresser avec ses expériences une couronne pour la tête de la langue et construire avec ses convictions un collier pour le cou de la langue.

Quant au traditionaliste, il ne fait qu'imiter que ce soit dans l'amour, dans la poésie et ses images. Pour se remémorer le visage et le cou de l'aimée, il dira : lune et gazelle. Quand il évoquera ses cheveux, sa taille et son regard, il dira : nuit, branche, dard. S'il se plaint, il dira : une paupière qui veille, une aube lointaine et une réprimande proche. Et s'il veut composer quelque déclaration originale, il dira : ma chérie laisse couler ses larmes telle une pluie de perles jaillissant de la narcisse des yeux pour arroser la rose des joues et mordre les raisins de ses doigts avec le froid de ses dents. Notre ami perroquet fredonne cette vieille chanson sans être conscient d'empoisonner avec sa stupidité la richesse de la langue et de souiller avec son insignifiance et sa vulgarité la noblesse de la langue.

J'ai parlé de celui qui invente et de son utilité et de celui qui reste stérile et de ses méfaits, mais je n'ai pas évoqué ceux qui passent leur vie à composer des dictionnaires, à rédiger des encyclopédies linguistiques. Je ne l'ai pas fait, car je crois qu'ils sont semblable à un rivage, pris entre le flux et le reflux de la langue, et que leur fonction n'excède pas celle du tri. En réalité, le tri est une fonction positive, mais que peut-on trier si la force créatrice dans la nation ne plante que l'ivraie, ne récolte que la paille et n'amasse sur ses champs que ronces et lucioles ?

Je répète que la vie de la langue, son unification et sa généralisation et tout ce qui y est lié, dépendent de l'imagination du poète. Avons-nous donc des poètes ?
Oui, nous avons des poètes, et tout Oriental peut devenir poète dans son domaine et dans son jardin, devant son métier à tisser, dans son temple, au-dessus de son autel et dans sa bibliothèque. Tout Oriental peut se libérer des geôles de l'imitation et des traditions et sortir à la lumière du soleil afin de marcher dans le convoi de la vie. Tout Oriental peut s'en remettre à la force créatrice cachée dans son âme, cette force éternelle qui, à partir de la pierre, construit des fils de Dieu.
Quant à ceux qui s'adonnent à organiser leurs dons et leur prose, je dis : que vos désirs particuliers vous interdisent de suivre les pas des Anciens. Il serait bon pour vous et pour la langue arabe de construire une hutte modeste avec votre moi authentique plutôt que de construire un édifice immense avec votre moi emprunté. Que votre fierté vous interdise de composer des poèmes de louange, de condoléances et de félicitations. Il serait mieux pour vous et la langue arabe de mourir oubliés et méprisés plutôt que de brûler vos cœurs en encens pour les monuments et les idoles. Faites que votre enthousiasme nationaliste vous incite à décrier la vie orientale, avec les étranges douleurs et les merveilleuses joies qu'elle recèle. Il serait mieux pour vous et la langue arabe de vous saisir des plus simples faits de votre entourage et de les vêtir de parures issues de votre imagination, plutôt que de traduire en arabe les plus beaux et les plus majestueux écrits des Occidentaux.

<small>Texte paru dans *Merveilles et Curiosités*.
Il s'agit de l'un des thèmes fondamentaux traités par Gibran, et dont on continue à débattre aujourd'hui.</small>

« Ô ma chambre » : fragment
d'un manuscrit inédit de Gibran
© Comité national Gibran

اد هلك وافعل بابك وانس
بلدان المعمورة و...
مناقشة ٥ وشاتم واهنـ عني
يتبناك من تلاميذ النبلاء و...
لبس وحبس منفردا عن اسلافـ
... اقدم محاكمة في ظلال
... ان ستانبل بنفس

Khalil Gibran, poète et peintre
6 janvier 1883 - 10 avril 1931

1883   Naissance de Gibran Khalil Gibran à Bécharré (Nord-Liban). Au sein de l'Empire ottoman, le Mont-Liban jouissait alors d'une autonomie garantie au niveau international.

1895   Gibran émigre avec sa mère Kamila Rahmé et ses sœurs Mariana et Sultana et son demi-frère maternel, Boutros, aux États-Unis. Ils s'installent à Boston. Seul le père demeure à Bécharré.

1896   Rencontre avec le grand photographe américain Fred Holland Day qui l'initie à la lecture des mythologies et de la poésie anglaise.

1898   Day organise une exposition de photos dominée par la présence de Gibran, son modèle fétiche. Gibran rencontre la poétesse Joséphine Peabody et la dessine. La même année, il rentre au Liban où il apprend l'arabe et le français au Collège de la Sagesse à Beyrouth.

1902   Gibran repart pour Boston où sa sœur Sultana vient de mourir. L'année suivante, il perd également son frère et sa mère.

1904   Day lui organise sa première exposition dans son propre atelier où il fait la connaissance de Mary Haskell qui devient son amie et son mécène, une rencontre singulière et décisive qui le marquera à jamais. Une correspondance importante s'établit entre eux.

1905   Publication en arabe d'un traité sur *La Musique*.

1908   Grâce au soutien de Mary Haskell, Gibran se rend à Paris où il y séjourne de 1908 à 1910. Il fréquente l'Académie Julian et commence à réaliser une nouvelle collection de portraits baptisée « Le temple de l'art » : Rodin, Edmond Rostand, Debussy, et plus tard, Sarah Bernhardt, Yeats, Tagore, Rihani... Découvre l'œuvre de Nietzsche. Participe au « Salon du Printemps » et expose une toile intitulée *L'Automne*.

1910   Retour à Boston où il essaie de rassembler les efforts des Libanais et Syriens aux États-Unis, en projetant d'émanciper les pays du Moyen-Orient asservis sous le joug ottoman.

Khalil Gibran tenant un livre, 1897
Photo Fred Holland Day
RPS 3575
© The Royal Photographic Society

1911   Gibran quitte Boston pour s'installer définitivement à New York. L'année suivante, il fait paraître son livre *Les Ailes brisées* considéré dans le monde arabe comme un grand événement. À partir de cette année et jusqu'à la fin de sa vie, il entretient une riche correspondance avec May Ziyadé, écrivain libanaise installée au Caire, partageant avec elle ses passions et ses visions, sans que jamais leurs chemins se croisent.

1914   Déclaration de la Première Guerre mondiale. La famine au Liban. Le spectre de la mort collective. Gibran s'affirme comme écrivain engagé et mène les grandes campagnes politiques et humanitaires. Il poursuit jusqu'à la fin de la guerre son combat contre l'occupation ottomane et appelle au soutien de son peuple assiégé et affamé.

1918   Parution du premier livre de Gibran écrit en anglais : *The Madman* (Le Fou).

1919   Publication d'une collection de dessins *Twenty Drawings* (Vingt dessins).

1920   Avec une pléiade d'écrivains syro-libanais, émigrés aux États-Unis et axés sur la modernité, il fonde à New York « ar-Rabita al-Qalamiyya » (Ligue des hommes de lettres). Parmi ses membres, figure l'écrivain libanais Mikhaël Nouaymé, ami de Gibran.

1923   Publication de son œuvre phare *The Prophet* (Le Prophète), traduit depuis en plus de vingt langues.

1928   Parution de *Jesus the Son of Man* (Jésus, fils de l'homme). Dans cet ouvrage, Gibran dévoile son approche personnelle du Christ, transgressant les dogmes au profit d'un humanisme profondément spirituel.

1931   Gibran meurt dans un hôpital de New York. Son corps repose, selon ses vœux, au couvent Mar-Sarkis à Bécharré, dans le creux d'un rocher, à mi-chemin entre la forêt des cèdres et la Vallée Sainte.

Bibliographie

L'œuvre de Gibran en langue anglaise

1918
The Madman, « Le Fou », éd. Alfred Knopf, New York.

1919
Twenty Drawings, « Vingt Dessins », préfacé par Alice Raphaël Eckstein, éd. Alfred Knopf, New York.

1920
The Forerunner, « Le Précurseur », éd. Alfred Knopf, New York

1923
The Prophet, « Le Prophète », éd. Alfred Knopf, New York.

1926
Sand and Foam, « Sable et Écume », éd. Alfred Knopf, New York.

1928
Jesus, the Son of Man, « Jésus, fils de l'Homme », éd. Alfred Knopf, New York.

1931
The Earth Gods, « Les dieux de la terre », éd. Alfred Knopf, New York.

1932
The Wanderer, « L'Errant », éd. Alfred Knopf, New York.

Grand nombre de ces ouvrages sont également publiés aux éditions Heinemann, Londres.

Ouvrages posthumes

1933
The Garden of the Prophet, « Le Jardin du prophète », rassemblé par Barbara Young, éd. Alfred Knopf, New York.

1973
Lazarus and his Beloved, « Lazare et sa bien-aimée », préfacé par Jean et Kahlil Gibran, éd. New York Graphic Society, Greenwitch Connecticut.

L'œuvre de Gibran en langue arabe

1905
Al-Musiqa, « La Musique », éd. al-Mouhajir, New York.

1906
'Ara'is al-Muruj, « Les Nymphes des Vallées », éd. al-Mouhajir, New York.

1908
Al-'Arwah al-mutamarrida, « Les Esprits rebelles », éd. al-Mouhajir, New York.

1912
Al-'Ajniha al-moutakassira, « Les Ailes brisées », éd. Mir'at al-Gharb, New York.

1914
Dam'a wa Ibtisama, « Larme et Sourire », éd. Atlantic, New York.

1919
Al-Mawakib, « Les Processions », éd. Mir'at al-Gharb, New York.

1920
Al-'Awasif, « Les Tempêtes », éd. al-Hilal, Le Caire.

1923
Al-Bada'i' wa-t-Tara'if, « Merveilles et Curiosités », éd. Youssef al-Boustani al-Matba'a al-'asriya, Le Caire.

Tous ces ouvrages en arabe sont disponibles en un seul volume aux éditions Dar al-Houda al-wataniya, Beyrouth, 1949 & aux éditions Maktabat Sadir-Dar Gibran, Beyrouth, 1981.

Ouvrages de Gibran traduits en français

Le Prophète, traduit par Madeline Mason Manheim, éd. du Sagittaire, Paris, 1926.

Le Prophète, traduit par Camille Aboussouan, éd. Casterman, 1956 & éd. du Seuil, 1992.

Le Prophète, traduit par Antoine Ghattas Karam, Université de Louvain, 1958 & éd. Sindbad, 1982.

Le Prophète, traduit par Mansour Challita, Khayats, Beyrouth, 1975.

Le Prophète, traduit par Paul Kinnet, éd. de Mortagne, Ottawa, 1983

Le Prophète, traduit par Mikhaël La Chance, éd. Édigraf, Athena, Suisse, 1985.

Le Prophète, préfacé et traduit par Marc de Smedt, éd. Albin Michel, 1990.

Le Prophète, préfacé et traduit par Salah Stétié, éd. Naufal, Paris, 1992.

Le Prophète, préfacé par Adonis et traduit par Anne Wade Minkowski, éd. Gallimard, Folio, 1992.

Le Prophète, préfacé par Amin Maalouf et traduit par Janine Lévy, éd. Le Livre de Poche, 1993.

Le Prophète, traduit et commenté par Jean-Pierre Dahdah, éd. du Rocher, Monaco, 1993 (voir aussi éd. J'ai Lu, 1995 & éd. Librio, 1997).

Le Prophète, traduit par Guillaume Villeneuve et postface de Sélim Nassib, éd. Les Mille et Une Nuits, 1994.

Le Prophète, traduit par Paul-Jean Franceschini, éd. FMA, Beyrouth, 1995.

Les Ailes brisées, traduit par Marie-Rose Boulad Absy, éd. Nouvelles Éditions Latines, Paris & Beyrouth, 1972.

Le Fou, traduit par Anis Chahine, éd. Asfar, Paris, 1990.

Le Fou, préfacé et traduit par Rafic Chikhani, éd. Naufal, Paris, 1994.

Jésus fils de l'Homme, traduit par Mansour Challita, éd. Khayats, Beyrouth, 1968.

Jésus fils de l'Homme, traduit par Jean-Pierre Dahdah et Marÿke Schurman, Albin Michel, 1990.

Le Sable et l'Écume, traduit par Jean-Pierre Dahdah et Marÿke Schurman, Albin Michel, 1990.

Le Sable et l'Écume, traduit par Janine Lévy, éd. du Chêne, 1995.

Le Jardin du prophète, traduit par Claire Dubois, éd. Casterman, 1979 & éd. du Seuil, 1992.

Le Jardin du Prophète, éd. du Chêne, 1995.

Merveilles et Processions, traduit par Jean-Pierre Dahdah, Albin Michel, 1996.

Ouvrages de Gibran traduits en arabe

Œuvres complètes anglaises, traduit par Antonius Bachir, Dar al-Houda al-wataniya & éd. Maktabat Sadir Dar Gibran, Beyrouth, 1949 réédité en 1981.

An-Nabi, « Le Prophète », traduit par Mikhaël Nou'aymé, éd. Edmond Wihbi, Beyrouth, 1957 & éd. Naufal, 1988.

An-Nabi, « Le Prophète », traduit par Tharwat 'Ukacha, Dar al-Ma'arif, Le Caire, 1959.

An-Nabi, « Le Prophète », traduit par Youssef al-Khal, Dar an-Nahar, Beyrouth, 1968.

Anthologies

Kalimat Gibran, anthologie réalisée par l'archimandrite Antonios Bachir, éd. Youssef al-Boustani al-Matba'a al-'asriya, Le Caire, 1927 & éd. ad-Dar al-muttahida, Beyrouth, 1983.

L'Œil du Prophète, anthologie réalisée par Jean-Pierre Dahdah, Albin Michel, 1991.

Kahlil Gibran, *The Eye of the Prophet*, Souvenir Press, Londres, 1995.

Khalil Gibran, *Das Auge des Propheten*, Ullstein Sachbuch, Francfort, 1994.

Khalil Gibran, Visions du Prophète, anthologie réalisée par Jean-Pierre Dahdah, Éditions du Rocher, Monaco, 1995.

Kahlil Gibran, Visions of the Prophet, Souvenir Press, Londres, 1996.

Articles en arabe de Gibran

Journal *al-Mouhajir*, 1er avril 1905, New York.

Journal *Mir'at al-Gharb*, 6 janvier 1911, New York.

Journal *Mir'at al-Gharb*, 3 mars 1911, New York.

Journal *Mir'at al-Gharb*, 14 avril 1911, New York.

Journal *Mir'at al-Gharb*, 28 juin 1911, New York.

Journal *Mir'at al-Gharb*, 13 septembre 1911, New York.

Journal *Mir'at al-Gharb*, 3 avril 1912, New York.

Journal *al-Sa'ih*, 30 mai 1912, New York.

Journal *Mir'at al-Gharb*, 9 juillet 1912, New York.

Journal *Mir'at al-Gharb*, 27 septembre 1912, New York.

Journal *Mir'at al-Gharb*, 3 février 1913, New York.

Journal *al-Sa'ih*, 15 décembre 1913, New York.

Journal *al-Sa'ih*, 9 mars 1914, New York.

Journal *al-Sa'ih*, 15 février 1915, New York.

Journal *Mir'at al-Gharb*, 9 mars 1916, New York.

Journal *al-Sa'ih*, 25 mai 1916, New York.

Journal *al-Founoun*, octobre 1916, New York.

Journal *al-Sa'ih*, 14 juin 1917, New York.

Journal *al-Sa'ih*, 14 novembre 1918, New York.

Revue *Fatat Boston*, octobre-novembre 1919, Boston.

Revue *al-Hilal*, 1920, Le Caire.

Journal *al-Sa'ih*, 8 novembre 1920, New York.

Revue *al-Hilal*, 1er avril 1921, Le Caire.

Journal *al-Sa'ih*, 12 janvier 1922, New York.

Revue *al-Hilal*, février 1923, Le Caire.

Revue *al-Hilal*, n° 33, 1924-1925, Le Caire.

Articles en anglais de Gibran

Revue *The New Orient*, juillet et septembre 1925, New York.

Revue *The Seven Arts*, novembre et décembre 1916, New York.

Journal *The Syrian World*, juillet 1926, New York.

Correspondances et journaux intimes

The Letters of Kahlil Gibran and Mary Haskell, recueillies et présentées par Annie Salem Otto, Houston-Texas, Southern Printing Company, 1967.

Beloved Prophet : the Love Letters of Kahlil Gibran and Mary Haskell and her Private Journal, recueillis et présentés par Virginia Hilu, éd. Quartet, Londres, 1973.

Rasa'il Gibran, « Les Lettres de Gibran », recueillies et présentées par Jamil Jabre, Beyrouth.

Ach-Chou'la az-zarqa', « La Flamme bleue : lettres de Khalil Gibran à May Ziyadé », recueillies et présentées par Salma al-Haffar al-Kuzbari et Souhail Bouchroui, Ministère de la Culture, Damas, 1979.

Lettres d'amour de Khalil Gibran à May Ziyadé, traduit de l'arabe en anglais par Souhail Bouchroui et Salma al-Haffar al-Kuzbari, et de l'anglais en français par Claude Carme et Anne Derouet, Librairie de Médicis, Paris, 1995.

Rasa'il Gibran at-ta'iha, « Les Lettres égarées de Gibran », recueillies et présentées par Riyad Hnayn, Mou'assasat Naufal, Beyrouth, 1983.

Archives des Affaires étrangères du Quai d'Orsay, Levant-E, Syrie-Liban-Cilicie, Dossier général, n° 6.

Biographies sur Gibran

Nou'aymé Mikhaël, *Gibran Khalil Gibran*, 1re éd. Sadir, Beyrouth, 1934 & éd. Mou'assasat Naufal, Beyrouth, 1985.

Gibran Jean & Kahlil, *Kahlil Gibran : his Life and World*, Interlink Books, New York, 1981.

Dahdah Jean-Pierre, *Khalil Gibran : une biographie*, Albin Michel, 1994.

Dahdah Jean-Pierre, *Khalil Gibran : eine Biographie*, Walter Verlag, Zurich et Düsseldorf, 1997.

Ouvrages d'études en arabe sur Gibran

Braks Ghazi, *Gibran Khalil Gibran*, Dar al-Kitab al-loubnani, Beyrouth, 1981.

Dayé Jean, *Aqidat Gibran*, « L'Idéologie de Gibran », Sourakia House, Londres, 1988.

Francis Antoine, *Gibran al-'achiq*, « Gibran l'amoureux », Dar as-Sayad, Beyrouth, 1987.

Habib Boutros, *Jadaliyat al-Hubb wa-l-mawt fi mu'allafat Gibran Khalil Gibran al-'arabiyat*, « La Dialectique de l'amour dans l'œuvre arabe de Gibran », éd. Charikat al-Matbou'at li-ltawzi' wa-n-nachr, Beyrouth, 1995.

Al-Howayek Youssef, *Dhikrayati ma'a Gibran*, « Mes Souvenirs en compagnie de Gibran », rédigé et présenté par Edvick Shayboub, Mou'assasat Naufal, Beyrouth, 1979.

Hounayn Riyad, *Al-Wajh al-'akhar li Gibran*, « L'Autre face de Gibran », Dar an-Nahar, Beyrouth, 1981.

Jabre Jamil, *Gibran : hayatouh, 'adabouh, falsafatouh wa rasmouh*, « Gibran : sa vie et son œuvre littéraire, philosophique et artistique », Dar ar-Rihani, Beyrouth, 1958.

Jabre Jamil, *Gibran fi hayatih al-'assifa*, « Gibran dans sa vie tempétueuse », Mou'assasat Naufal, Beyrouth, 1981.

Kayrouz Wahib, *'Alam Gibran al-rassam*, « Le monde pictural de Gibran », Librairie de Gibran, Liban 1982

Kayrouz Wahib, *'Alam Gibran al-fikri*, « Gibran penseur », éd. Bacharia, Liban, 1984.

Kayrouz Wahib, « Gibran dans son Musée », éd. Bacharia, Liban 1996

Khalid Amin, *Mouhawalat fi dars Gibran*, « Tentatives d'études sur Gibran », Imprimerie catholique, Beyrouth, 1933.

Khouayri Antoine, *Gibran Khalil Gibran : an-nabigha al-loubnani*, « Gibran le génie libanais », éd. Malaf Markaz al-'Ilm wa-t-Tawthiq, Beyrouth, 1981.

Mas'oud Habib, *Gibran hayan wa maytan*, « Gibran vivant et mort », Dar ar-Rihani, Beyrouth, 1966.

Sayigh Tawfiq, *Adwa' jadida 'ala Gibran*, « Nouvelles lumières sur Gibran », al-Dar ach-Charqiya, Beyrouth, 1966.

Ouvrages d'études en français sur Gibran

Chahine Anis, *L'Amour et la nature dans l'œuvre de Khalil Gibran*, Middle East Press, Beyrouth, 1979.

Chalfoun Khalil, *La Figure de Jésus-Christ dans la vie et l'œuvre de Gibran*, Thèse de 3e cycle, Institut catholique, Paris, 1986.

Chikhani Rafic, *Religion et société dans l'œuvre de Gibran Khalil Gibran*, Thèse de doctorat d'État, Université des Sciences humaines, Strasbourg, 1983 & éd. Publications de l'Université libanaise, Beyrouth, 1997.

Dahdah Jean-Pierre (sous la direction de), Revue *Question De*, « Khalil Gibran, Poète de la Sagesse », n° 83, Albin Michel, 1990.

Karam Antoine Ghattas, *La Vie et l'œuvre de Gibran*, Dar an-Nahar, Beyrouth, 1981.

Shayboub Edvick, *Gibran Khalil Gibran à Paris : souvenirs de Youssef al-Howayek*, traduit par Roger Gehchane, éd. FMA, 1995.

Tauq Boulos, *La Personnalité de Gibran dans ses dimensions constitutives et existentielles*, Thèse de doctorat d'État, Université des Sciences humaines, Strasbourg, 1984 (voir édition Bacharia, Liban).

Al-Yammouni Joseph, *Gibran Khalil Gibran : l'homme et sa pensée philosophique*, éditions de l'Aire, Lausanne, 1982.

Ouvrages d'études en anglais sur Gibran

Bouchroui Souhail, *Khalil Gibran of Lebanon : a Reevaluation of the Life and Works of the Author of « The Prophet »*, Gerrards Cross, Colin Smythe, Angleterre, 1987.

Bouchroui Souhail & Jenkins Joe, *Kahlil Gibran Man and Poet*, Oneworld, Oxford, 1988.

Hawi Khalil, *Kahlil Gibran : his Background, Character and Works*, Americain University of Beirut, 1963 (version arabe, éd. Dar al-'Ilm Li-l-malayin, Beyrouth, 1982).

Young Barbara, *This Man from Lebanon : a Study of Kahlil Gibran*, Alfred Knopf, New York, 1re édition 1931 & éd. 1956.

Khalil Gibran
Photo Fred Holland Day
RPS 3496
© The Royal Photographic Society

Liste des principales œuvres picturales de Khalil Gibran conservées dans les musées

Musée Gibran, Bécharré

Femme à la poitrine dénudée représentée jusqu'à la taille, le bras droit relevé sur la tête, 1909
Huile, 81,5 x 54,5 cm

Portrait de fillette représentée de trois quarts les mains croisées, dans les teintes sombres, 1910
Huile, 73,2 x 51 cm

Femme nue représentée de dos, les bras relevés, debout dans un paysage, 1912
Huile, 46,2 x 65,2 cm

Visage aux yeux fermés, à la bouche ouverte, représenté de trois quarts et incliné en arrière, 1914
Huile, 51 x 35,5 cm

Portrait de femme représentée légèrement de trois quarts, tournée vers la gauche, 1914
Huile, 65 x 45,5 cm

Homme nu à genoux, bras étendus soutenu par deux personnages nus assis, dans un paysage, 1914
Huile, 68,5 x 81,3 cm

Couple dans un paysage ; homme vu de dos, nu, allongé, femme nue de trois quarts en face de lui, 1914
Huile, 63,5 x 84,5 cm

Deux femmes nues penchées vers un troisième personnage et représentés dans un paysage, 1914
Huile, 68,5 x 87 cm

Personnage nu vu de dos, agenouillé sur un rocher, enlaçant par la taille un deuxième personnage à genoux ; la scène se situe dans un paysage, 1914
Huile, 76,5 x 94 cm

Couple dans un paysage : homme nu représenté de profil penché vers une femme nue, 1914
Huile, 63,5 x 76,2 cm

Femme nue assise dans un paysage, à ses genoux une jeune fille nue et un enfant nu vu de dos, 1914
Huile, 81,2 x 68,5 cm

Femme nue assise sur un rocher devant un paysage de montagnes les bras pliés autour de la tête, 1914
Huile, 55,6 x 76,5 cm

Femme nue vue de dos les mains posées sur les épaules d'un homme nu dans un paysage, 1914
Huile, 84,4 x 102,2 cm

Homme nu debout dans un paysage tenant les bras d'une femme nue vue de dos et étendue, 1914
Huile, 76,2 x 94 cm

Adolescent nu étendu dans un paysage au bord de l'eau et regardant son reflet, 1914
Huile, 50,2 x 61 cm

Cinq personnages nus dans un paysage et deux enfants, 1914
Huile, 63,5 x 77 cm

Cinq personnages nus, inanimés, étendus sur le dos dans un paysage où se profile une montagne, 1915
Huile, 53,5 x 59 cm

Femme nue à genoux le bras droit s'appuyant sur un rocher, penchée vers un enfant nu dans un paysage
Huile, 56,2 x 71

Femme nue étendue à terre, inanimée et la tête renversée en arrière, avec un enfant, dans un paysage
Huile, 63,5 x 81,5 cm

Paysage représentant un lever de soleil entre deux montagnes, au-dessus d'un lac
Huile, 65 x 81 cm

Femme nue assise sur un rocher, dans un paysage, tournée vers un enfant nu vu de dos
Huile, 40,5 x 51 cm

Homme nu vu de dos, s'appuyant sur une canne, dans un paysage de montagnes
Huile, 53,6 x 65 cm

Pieta, deux hommes nus dans un paysage soutenant un troisième personnage nu, inanimé
Huile, 97 x 81,2 cm

Homme nu agenouillé dans un paysage penché vers une femme enlaçant son cou, avec, à gauche une femme nue, et à droite un homme nu, 1914
Huile, 63,5 x 81,3 cm

Homme nu vu de dos, assis sur un rocher dans un paysage, penché vers une femme nue assise et portant un enfant nu
Huile, 68,7 x 56 cm

Corps de femme nue représenté à mi-cuisse sans tête et sans bras
Huile, 53,5 x 63,6 cm

Femme nue debout devant un paysage retenant un voile bleu et femme nue vue de dos assise sur un rocher
Huile, 96,5 x 81,5 cm

Femme nue vue de dos étendue contre un rocher dans un paysage
Huile, 56,5 x 68,6 cm

Femme nue assise sur un rocher devant un paysage les bras pliés autour de la tête
Huile, 45,6 x 40,5 cm

Femme nue vue de dos portant une tête dans un plateau ; à droite personnage nu
Huile, 41 x 30,5 cm

Trois femmes nues debout dans un paysage
Huile, 40,5 x 51 cm

Femme nue assise dans un paysage, avec à sa gauche un enfant nu vu de profil
Huile, 35,5 x 43,2 cm

Trois femmes nues assises dans un paysage : vues de profil, légèrement de trois quarts
Huile, 25,2 x 40,5 cm

Couple nu marchant dans un paysage ; à gauche troisième personnage, nu à côté d'un fleuve
Huile, 35,8 x 51 cm

Homme nu assis dans un paysage et femme étendue, les bras sous la tête
Huile, 35,5 x 61 cm

Groupe de cinq femmes et un homme dans un paysage
Huile, 50,5 x 71,2 cm

Femme nue assise sur un rocher penchée vers une deuxième femme nue étendue à ses genoux, devant un paysage
Huile, 81 x 96,4 cm

Homme nu vu de face tenant par les bras une femme nue vue de dos et étendue
Huile, 74 x 56 cm

Homme géant, nu, assis sur un rocher dans un paysage, portant contre sa poitrine un deuxième personnage nu de dimensions réduites
Huile, 94 x 76,5 cm

Couple nu, étendu dans un paysage, la femme représentée de dos, la jambe droite pliée
Huile, 61 x 73 cm

Homme nu debout devant un paysage de fleuve et de montagnes, enlaçant par le cou une femme nue
Huile, 81 x 97 cm

Centaure penché vers un personnage nu étendu dans un paysage où se profilent des montagnes
Huile, 65 x 81 cm

Femme nue assise le bras droit appuyé sur un rocher, devant un paysage de montagnes
Huile, 46 x 61 cm

Femme-centaure allongée devant un paysage de montagnes; homme nu vu de dos allongé contre son flanc gauche
Huile, 46 x 65 cm

Homme nu, étendu les bras autour de la tête, entouré de rochers
Huile, 53,5 x 53,5 cm

Femme nue étendue en diagonale
Huile, 51 x 61 cm

Homme nu debout dans un paysage, tourné vers une femme nue, debout, portant un enfant accroché à son cou
Huile, 35,2 x 46 cm

Femme nue étendue dans un paysage les jambes pliées, penchée en arrière vers un personnage étendu
Huile, 36,2 x 61 cm

Torse de femme nue les yeux fermés; à droite visage de femme aux yeux fermés
Huile, 65,3 x 46,5 cm

Homme nu assis sur un rocher devant un paysage, ayant contre sa poitrine une femme nue, allongée
Huile, 51 x 61,2 cm

Femme nue debout dans un paysage où l'on distingue un fleuve, représentée de trois quarts
Huile, 32,5 x 51,2 cm

Femme portant un enfant et entouree de deux jeunes filles
Huile, 65,5 x 91,5 cm

Femme aux cheveux dénoués penchée vers une jeune fille posant sa tête sur ses mains croisées
Huile, 65,5 x 45,7 cm

Femme aux yeux clos portant une coiffe sur la tête et tenant un enfant nu vu de dos
Huile, 68,5 x 45,7 cm

Femme de profil, la main sur la poitrine; à droite, visage de femme penché vers elle
Huile, 45,5 x 61 cm

Portrait de femme âgée, la main droite ramenée vers le menton et portrait de jeune fille représentée de trois quarts
Huile, 46 x 55 cm

Portrait de femme vue de face, la main droite posée sur la joue
Huile, 64,3 x 45,5 cm

Portrait d'un homme barbu vu de trois quarts et tourné vers la gauche, un globe devant lui
Huile, 65 x 54 cm

Femme représentée jusqu'à la taille de trois quarts, la main gauche relevée vers son épaule
Huile, 86,5 x 63 cm

Portrait de jeune femme aux cheveux en bandeaux, représentée de trois quarts
Huile, 65 x 46 cm

Portrait de femme au col blanc, représentée de trois quarts et tournée vers la droite, les yeux mi-clos
Huile, 46 x 36 cm

Portrait de femme aux cheveux courts, représentée de trois quarts et regardant vers la droite
Huile, 61 x 51,3 cm

Portrait de femme blonde, le menton dans la paume de la main droite
Huile, 50,7 x 35,3 cm

Portrait de femme aux cheveux en bandeaux, la tête penchée et reposant dans la paume de la main gauche
Huile, 55 x 33 cm

Portrait d'homme barbu à la chemise blanche, représenté de trois quarts, les cheveux flous
Huile, 46 x 38 cm

Personnage nu assis, représenté de profil, mains tendues
Huile, 45,5 x 53,5 cm

Personnage nu debout dans un paysage, bras relevés autour de la tête, représenté de trois quarts
Huile, 54,5 x 65 cm

Homme nu assis, représenté de trois quarts; derrière lui, torse d'un deuxième personnage (au verso, étude de deux femmes représentées jusqu'à la taille)
Huile, 81,2 x 65 cm

Personnage géant, nu, tenant entre ses mains et contre sa poitrine un deuxième personnage nu, de dimensions réduites
Huile, 94 x 76,5 cm

Femme nue assise sur un linge blanc et sur un rocher dans un paysage
Huile, 63,5 x 81,3 cm

Femme nue, penchée vers un serpent, dans un paysage
Huile, 40,5 x 50,8 cm

Portrait de femme, portant la main vers la bouche d'un deuxième personnage féminin aux yeux clos
Huile, 45,6 x 55,8 cm

Autoportrait à la moustache et au col ouvert, de trois quarts et tourné vers la gauche
Huile, 41 x 33 cm

Femme nue vue de dos, bras relevés autour de la tête, assise dans un paysage
Huile, 30,5 x 45,8 cm

Homme pétri de boue renversé en arrière au milieu de rochers
Huile, 51,5 x 35,7 cm

Paysage avec rochers
Huile, 40,5 x 45 cm

Femme nue étendue dans un paysage, sur le côté gauche, la tête au creux des bras
Huile, 53,5 x 51 cm

Femme au torse nu et au voile rose sur un fond de fleurs et de feuilles, de trois quarts
Huile, 46 x 30,5 cm

Personnage aux longs cheveux tombant sur les épaules, tenant une pomme dans la main gauche
Huile, 35 x 27 cm

Visage de femme à la coiffe rouge, aux yeux fermés, de trois quarts, tourné vers la gauche, 1915
Aquarelle, 28 x 21,5 cm

Femme-centaure se penchant vers un personnage nu étendu à terre et entourant ses épaules de ses bras, 1915
Aquarelle, 28 x 21,5 cm

Homme nu vu de dos portant sur ses épaules une femme nue et un enfant, 1915
Aquarelle, 25,3 x 20,3 cm

Liste des principales œuvres picturales 193

Femme nue vue de face,
à genoux, portant un enfant
sur son épaule droite, 1915
Aquarelle, 28 x 21,5 cm

Nu, 1915
Aquarelle, 28 x 21 cm

Deux femmes et un homme nus,
debout, leur tête couverte par
la main et un enfant à terre, nu,
vu de dos, 1915
Aquarelle, 42 x 30 cm

Composition à trois personnages,
deux d'entre eux enlacés,
le troisième étendu, 1919
Aquarelle, 25 x 20 cm

Personnage géant nu, assis,
portant un deuxième personnage
nu de dimensions réduites vu
de dos, 1916
Aquarelle, 27,5 x 21,5 cm

Homme nu assis, la tête penchée
vers une femme nue étendue
sur ses genoux, tête ployée
en arrière, et un homme penché
vers elle, 1916
Aquarelle, 28 x 21,5 cm

Femme nue étendue jambes
repliées, tête inclinée en arrière
et vue de profil, avec un enfant
nu grimpant sur elle et à droite
derrière, un homme penché
vers elle, 1916
Aquarelle, 28 x 22 cm

Femme nue étendue, regardant
vers le haut ; femme nue vue de
face et levant la main gauche ;
derrière elle deux femmes nues
étendues, têtes baissées, 1916
Aquarelle, 28 x 21,5 cm

Femme centaure assise,
se cachant la tête dans les mains,
1916
Aquarelle, 28 x 21,5 cm

Femme-centaure galopant vers
la droite et portant entre ses bras
un enfant nu vu de dos, 1916
Aquarelle, 28 x 21,5 cm

Centaure cabré, le bras droit
tendu, 1916,
Aquarelle, 28 x 21,5 cm

Femme-centaure tournée vers la
gauche, bras droit tendu, et un
homme nu étendu sur son flanc,
tendant la main gauche, 1916
Aquarelle, 29,5 x 22 cm

Homme étendu sur femme-
centaure, 1916
Aquarelle, 28 x 21,5 cm

Femme nue renversée en arrière,
la tête ployée, portant contre elle
un enfant nu vu de dos, 1916
Aquarelle 28 x 21,5 cm

Homme nu sur les épaules
d'une femme nue, 1916
Aquarelle, 28 x 21,5 cm

Femme nue au voile bleu, 1916
Aquarelle, 27,5 x 21,5 cm

Femme au torse nu, la tête
penchée, les bras relevés,
la jambe droite tendue en avant,
1916
Aquarelle, 27,7 x 21,5 cm

Homme nu courbé, la tête entre
les bras et personnage esquissé
au deuxième plan, au crayon,
brandissant une baguette, 1916
28 x 21,5 cm

Femme nue assise tournée vers
la gauche, les cheveux tombants,
la jambe droite tendue, le bras
gauche esquissant un
mouvement en arrière, 1916
Aquarelle, 27,3 x 21,5 cm

Femme nue vue de dos, bras
tendus, se dressant contre une
masse sombre, 1916
Aquarelle, 28 x 21,5 cm

Femme nue aux multiples voiles,
1916
Aquarelle, 27,7 x 21,5 cm

Femme au dos nu, debout, le bras
gauche plié autour de la tête,
le bras droit tendu, 1916
Aquarelle, 26,7 x 20,5 cm

Visage de femme aux yeux
mi-clos à la coiffe grise, 1916
Aquarelle, 28 x 21,5 cm

Centaures, 1916
Aquarelle, 28 x 21,5 cm

Femme nue assise tournée vers la
droite, pied droit tendu en avant,
bras droit replié autour de la
tête, 1916
Aquarelle, 26,7 x 20,5 cm

Homme nu debout, levant les
deux bras, la tête inclinée sur
l'épaule droite et tenant de la
main droite un voile rouge, 1916
Aquarelle, 27,5 x 21,5 cm

Femme au torse nu penchée
vers la gauche, 1916
Aquarelle, 28 x 21,5 cm

Tête de profil au nez busqué,
tournée vers la gauche et portant
une coiffe, 1916
Aquarelle, 28 x 21,5 cm

Homme nu sur le dos d'un cheval
au galop, 1916
Aquarelle, 28 x 21,5 cm

Nu représenté de profil, tourné
vers la gauche, bras tendus, tête
baissée et jambes repliées, 1916
Aquarelle, 28 x 21,5 cm

Nu debout au voile rose, 1916
Aquarelle, 28 x 21,5 cm

Nu baissé, tourné vers la droite,
tenant un voile bleu de la main
gauche, 1916
Aquarelle, 28 x 21,5 cm

Homme nu étendu tête tournée
vers la gauche, entouré par des
ombres bleuâtres, 1916
Aquarelle, 28 x 21,5 cm

Visage de femme aux yeux
fermés et aux sourcils froncés,
1917
Aquarelle, 28 x 21,5 cm

Personnage nu debout, bras levés
et repliés, contre deux ombres sur
fond bleu, 1917
Aquarelle, 27,5 x 21,5 cm

Femme nue portée par deux
hommes nus debout et tournée
vers la gauche, 1918
Aquarelle, 25,3 x 20 cm

Personnage nu debout, tête
inclinée vers la droite, reposant
sur les épaules de deux
personnages nus debout derrière
lui, 1918
Aquarelle, 25 x 20 cm

Femme nue debout, vue de trois
quarts regardant vers la gauche,
au voile bleu, 1918
Aquarelle, 28 x 21,5 cm

Femme assise à terre penchée
vers un enfant nu vu de dos.
À droite, derrière, femme nue
à genoux et femme habillée
penchées vers le groupe, 1918
Aquarelle, 28 x 21,5 cm

Femme nue tournée vers la
gauche, bras droit relevé, tête
cachée, contre des nuages, 1919
Aquarelle, 37,5 x 27,5 cm

Corps bleus nus enlacés dans une
composition en diagonale, 1919
Aquarelle, 32,5 x 21,5 cm

Femme au voile bleu assise,
portant un personnage nu
debout contre elle, de
dimensions réduites, 1919
Aquarelle, 28 x 22 cm

Femme nue debout, représentée
de trois quarts bras droit relevé,
main gauche ramenée sur le
visage, 1919
Aquarelle, 25,5 x 21,5 cm

Deux personnages nus vus de dos
montant vers un personnage
géant vu de face la tête penchée
vers eux, 1919
Aquarelle, 28 x 21,5 cm

Trois personnages nus les mains
jointes portant deux personnages
nus de dimensions réduites, 1919
Aquarelle, 50 x 35,5 cm

Personnage nu assis la tête contre les genoux, le bras gauche plié, le bras droit ramené contre les genoux, 1920
Aquarelle, 25,5 x 18 cm

Femme nue contre un paysage bleu et voile rouge, 1930
Aquarelle, 28 x 21,5 cm

Formes enlacées sur fond vert, 1930
Aquarelle, 21,7 x 28 cm

Trois hommes nus debout, le personnage central pliant le bras gauche et levant l'index, 1930
Aquarelle, 35,5 x 28 cm

Formes humaines étendues au bas d'un paysage sombre, 1930
Aquarelle, 35,5 x 28 cm

Trois personnages nus assis sur fond noir, 1930
Aquarelle, 35,5 x 27,5 cm

Main portant du feu, tournée vers la gauche
Aquarelle, 17 x 13 cm

Femme-centaure penchée vers la gauche, bras gauche replié autour de la tête et enfant nu debout contre sa poitrine
Aquarelle, 30 x 21,5 cm

Femme-centaure cabrée sur fond bleu, à terre, de part et d'autre, personnages nus inanimés
Aquarelle, 22 x 21,5 cm

Femme-centaure, accroupie, la tête au sol entre les bras et quatre personnages nus esquissés au-dessus
Aquarelle, 21,5 x 27,5 cm

Femme nue vue de dos au voile rose, levant le bras gauche et pliant les jambes
Aquarelle, 28 x 21,5 cm

Trois personnages nus courbés, deuxième personnage nu vu de dos, la tête cachée dans le bras gauche et troisième personne vue de face
Aquarelle, 28 x 21,5 cm

Portrait de vieillard à la longue barbe vu de trois quarts tourné vers la droite
Aquarelle, 28 x 21,4 cm

Femme assise torse nu, les mains légèrement écartées du corps, paumes ouvertes
Aquarelle, 29 x 21,5 cm

Homme nu assis dans un paysage, bras droit tendu baissé vers le sol, bras gauche ramené sur la poitrine d'une femme étendue entre ses genoux
Aquarelle, 33 x 25 cm

Homme nu debout, le bras gauche tendu portant au bout de la main hommes et femmes de dimensions réduites disposés en arc
Aquarelle, 28 x 21,5 cm

Femme nue debout dans un paysage bras tendus, paumes ouvertes, tête inclinée sur l'épaule gauche
Aquarelle, 33 x 25,5 cm

Trois personnages nus debout, les bras levés et la tête baissée et trois personnages nus étendus, dans un paysage
Aquarelle, 28 x 21,5 cm

Couple
Aquarelle, 28 x 21,7 cm

Personnage nu vu de dos en position ascendante et pointant l'index vers la mer, entouré à droite et à gauche par deux personnages nus
Aquarelle, 28 x 21,5 cm

Femme nue debout crucifiée sur deux hommes
Aquarelle, 28 x 21,5 cm

Homme nu debout regardant un deuxième personnage nu vu de dos et debout penché vers lui, dans un paysage de montagne
Aquarelle, 28 x 21,5 cm

Femme nue debout dans un paysage près d'un fleuve, penchée vers un deuxième personnage sombre, nu
Aquarelle, 33 x 24 cm

Cinq formes blanches étendues à terre, inanimées, et au-dessus, ronde formée par six femmes nues
Aquarelle, 28 x 21,5 cm

Couple nu assis sur un rocher dans un paysage, dos à dos, le poignet gauche de l'homme lié par un cordon au poignet droit de la femme
Aquarelle, 28 x 21,5 cm

Personnage géant nu, assis sur un rocher, portant dans ses mains un deuxième personnage de dimensions réduites
Aquarelle, 28 x 21,5 cm

Formes humaines blanches et nues au nombre de huit dont un enfant, montant les marches d'un escalier entouré de masses sombres
Aquarelle, 35,5 x 25,5 cm

Personnage nu debout, entouré de trois colombes dans un paysage ; à ses pieds, six personnages nus
Aquarelle, 30 x 21,5 cm

Femme et homme nus dans un paysage ; l'homme de profil lui tenant la main, au-dessus d'eux personnage féminin entouré de voiles, les réunissant
Aquarelle, 25,5 x 27,5 cm

Hommes nus se dirigeant vers une grotte survolés de huit colombes, en bas au premier plan, des serpents
Aquarelle, 35,5 x 27,5 cm

Homme nu debout dans un paysage ; à ses pieds, trois personnages nus étendus
Aquarelle, 28 x 21,5 cm

Homme nu assis sur un rocher portant un ange aux ailes déployées ; derrière, des formes nues esquissées et au premier plan, personnage nu assis la tête dans les bras
Aquarelle, 35,5 x 27,5 cm

Femme nue au long voile accroupie dans un paysage et tournée vers la gauche, ramenant la main gauche sur sa poitrine
Aquarelle, 38 x 36,5 cm

Couple nu debout dans un paysage bleu sombre
Aquarelle, 28 x 21,5 cm

Femme nue accroupie posant deux doigts de la main droite sur la bouche, les yeux clos, sur un fond de personnages
Aquarelle, 72 x 57 cm

Neuf personnages nus étendus dans la nature au bas d'une montagne et au bord d'un lac
Aquarelle, 28 x 21,5 cm

Deux personnages nus vus de dos montant vers un troisième personnage géant la tête inclinée vers la droite
Aquarelle, 27,8 x 22 cm

Composition à deux personnages debout
Aquarelle, 25 x 20 cm

Homme nu accroupi portant un personnage de dimensions réduites
Aquarelle, 35,5 x 25,3 cm

Homme nu accroupi la tête cachée entre les bras et personnage se profilant à l'arrière, au crayon
Aquarelle, 28 x 22 cm

Composition à trois personnages
Aquarelle, 28 x 21,7 cm

Femme nue debout au voile bleu, homme nu debout derrière elle et tourné vers la gauche
Aquarelle, 28 x 21,5 cm

Buste dont la tête est invisible, attirant quatre personnages nus entre ses bras
Aquarelle, 27,5 x 21,5 cm

Personnage nu esquissé portant dans ses bras un homme nu assis et deux enfants nus vus de dos et de profil
Aquarelle, 25 x 20 cm

Personnage nu, de profil, étendu sur une multitude de personnages nus de dimensions réduites
Aquarelle, 25 x 20 cm

Personnage nu, entouré de deux autres personnages nus de dimensions réduites, se dirigeant vers deux personnages se tenant par les bras
Aquarelle, 30 x 21,5 cm

Personnage nu debout vu de face portant par les mains un deuxième personnage de dimensions réduites
Aquarelle, 28 x 21,5 cm

Homme nu debout se cachant la tête entre les mains et couple le survolant, tourné vers la gauche
Aquarelle, 28 x 21,5 cm

Deux personnages nus allongés, aux corps inanimés, un troisième les surplombant
Aquarelle, 21,7 x 27,2 cm

Deux personnages assis, survolés par une femme nue, allongée, les regardant
Aquarelle, 24 x 20 cm

Personnage nu assis, la tête entre les bras et un deuxième personnage derrière, nu, debout
Aquarelle, 28 x 21,5 cm

Homme nu entouré de nuages et de trois colombes, debout au milieu de trois hommes étendus
Aquarelle, 40 x 37,5 cm

Bras portant un homme nu, assis dans la paume de la main
Aquarelle, 51 x 34 cm

Bras portant un homme nu agenouillé dans la paume de la main et tendant le bras droit
Aquarelle, 56 x 39,2 cm

Personnage à peine esquissé enveloppant quatre personnages nus de dimensions réduites
Aquarelle, 56,5 x 39,2 cm

Composition à deux personnages à peine esquissés encadrés par un bras et une main
Aquarelle, 51 x 33 cm

Main
Aquarelle, 38 x 23 cm

Composition à deux personnages : homme nu à genoux, cachant un personnage derrière lui ; en haut, figures nues esquissées au crayon
Aquarelle, 71,5 x 57 cm

Femme nue
Aquarelle, 71 x 56 cm

Femme nue représentée de profil, assise au bord d'un fleuve dans un paysage de montagnes
Aquarelle, 71 x 56 cm

Femme nue représentée de trois quarts à genoux, levant le bras droit et pliant le bras gauche
Aquarelle, 21,5 x 21,5 cm

Femme nue la main droite levée, la main gauche ramenée sur les yeux
Aquarelle, 25,5 x 20 cm

Nu assis
Aquarelle, 25 x 20 cm

Nu assis tourné vers la droite, le bras droit replié en arrière
Aquarelle, 25 x 20 cm

Nu accroupi
Aquarelle, 30 x 32 cm

Femme nue au voile mauve, à genoux
Aquarelle, 35,5 x 25,4 cm

Nu accroupi vu de dos, tendant le bras gauche et repliant le bras droit
Aquarelle, 45,5 x 30 cm

Nu étendu au nuage bleu les bras repliés sur la poitrine, tournant la tête vers la gauche
Aquarelle, 28 x 21,5 cm

Femme nue tenant son pied gauche et penchée vers la droite
Aquarelle, 28 x 21,5 cm

Nu assis se couvrant le visage
Aquarelle, 28 x 21,5 cm

Nu allongé sur le côté
Aquarelle, 28 x 21,5 cm

Nu debout au voile mauve
Aquarelle, 27,7 x 21,5 cm

Nu penché vers la gauche repliant le genou droit, cachant la tête dans ses avant-bras
Aquarelle, 28 x 20 cm

Nu au voile bleu étendu dans un paysage
Aquarelle, 27,7 x 21,5 cm

Femme nue debout penchée vers la droite
Aquarelle, 35,5 x 25,2 cm

Nu assis, penché vers la droite, jouant de la flûte
Aquarelle, 35,5 x 25,5 cm

Couple nu enlacé
Aquarelle, 28 x 21,5 cm

Enfant nu vu de face assis devant une femme esquissée au crayon
Aquarelle, 28 x 21,5 cm

Homme nu vu de profil, portant un enfant nu vu de dos
Aquarelle, 27,7 x 21,5 cm

Femme nue à genoux vue de profil penchée vers une femme et un enfant nu vu de dos
Aquarelle, 28 x 21 cm

Femme nue vue de profil, étendue, avec un enfant nu vu de dos, contre sa poitrine
Aquarelle, 28 x 21,5 cm

Femme accroupie vue de profil, allongeant la main gauche vers un enfant nu vu de trois quarts
Aquarelle, 25 x 20 cm

Femme assise vue de dos, en face d'une femme portant un enfant, à peine esquissée
Aquarelle, 28 x 21,8 cm

Homme nu endormi, étendu à plat ventre ; femme nue accroupie penchée vers un enfant nu vu de dos
Aquarelle, 27,5 x 21,5 cm

Femme nue debout et enfant
Aquarelle, 35,5 x 25,1 cm

Femme nue étendue et enfant contre ses genoux, à droite, enfants qui jouent, esquissés
Aquarelle, 46 x 30 cm

Danse à trois personnages vêtus de voiles transparents
Aquarelle, 28 x 21,5 cm

Femme au torse nu tournée vers la droite les bras tendus, esquissant un mouvement de danse
Aquarelle, 28 x 22 cm

Visage d'homme aux yeux bridés, souriant et tourné vers la gauche
Aquarelle, 25 x 17,7 cm

Visage de femme vu de face, aux yeux clos et à la coiffe bleue
Aquarelle, 28 x 21,5 cm

Visage aux yeux bridés, à la coiffe grise
Aquarelle, 31 x 25 cm

Tête d'homme souriant portant une coiffe sur fond mauve, tourné vers la droite
Aquarelle, 30,3 x 21,7 cm

Masque représenté de face
Aquarelle, 32,5 x 24 cm

Liste des principales œuvres picturales

Tête de profil, à la coiffe bleue
Aquarelle, 21,5 x 25,3 cm

Tête de profil
Aquarelle, 33,7 x 23 cm

Tête de profil, inclinée en arrière, les yeux fermés et visage de trois quarts aux yeux fermés
Aquarelle, 25,5 x 33,2 cm

Trois visages : penché en arrière, de face, de trois quarts tourné vers la droite
Aquarelle, 36 x 28 cm

Groupe de six personnages nus, debout, celui du centre portant un enfant, et à terre femme nue accroupie
Aquarelle, 35,3 x 28,5 cm

Forme blanche voilée, étendant les bras, la tête inclinée sur l'épaule gauche
Aquarelle, 35,5 x 28 cm

Forme blanche voilée, debout devant un groupe d'hommes et de femmes nus
Aquarelle, 35,5 x 28 cm

Tête de femme vue de profil tournée vers la gauche, au chignon bas
Aquarelle, 35 x 25,3 cm

Homme nu debout dans une forêt portant une lyre de la main gauche et levant le bras droit
Aquarelle, 35,5 x 27 cm

Cinq personnes (homme nu debout, jambes écartées, quatre personnages nus, assis ou à genoux) au milieu d'un orage
Aquarelle, 28 x 21,5 cm

Femme nue étendue levant la main vers un couple nu se profilant à l'horizon et se tenant par les bras
Aquarelle, 28 x 21,5 cm

Formes mortes nues, étendues, et cinq femmes nues se tenant par la main pour former une ronde
Aquarelle, 28 x 21,5 cm

Visage de trois quarts aux yeux clos tourné vers la droite
Gouache, 32,5 x 24,6 cm

Visage de femme au voile gris, vu de face, sur fond gris
Gouache, 35 x 25 cm

Personnage à la poitrine découverte portant une coiffe aux yeux vides, et dix colombes, 1905
Pastel, 42,5 x 29,5 cm

Tête d'homme géante, dans un paysage de montagnes et de fleurs et ange le survolant, 1907
Pastel, 40,3 x 29 cm

Visage d'homme géant, aux yeux fermés et à la coiffe, et six colombes, 1908
Pastel, 34,5 x 26,5 cm

Femme nue debout vue de face et représentation de la mort derrière elle à droite. En bas fleurs et plantes
Pastel, 44 x 26,2 cm

Paysage comprenant un personnage féminin de grandes dimensions ; un adolescent nu jouant de la flûte ; une femme nue debout, deux enfants nus en train de jouer
Pastel, 37,5 x 20,2 cm

Femme nue assise penchée à gauche vers deux enfants nus, derrière elle trois personnages, 1915
Sanguine, 21 x 19 cm

Tête de vieillard représenté de trois quarts tourné vers la droite, à la longue barbe
Sanguine, 24 x 17,2 cm

Tête de femme représentée de trois quarts aux yeux vides, au visage souriant et tournée vers la gauche
Sanguine, 36,5 x 35,5 cm

Tête d'homme aux yeux bridés, tourné vers la gauche
Sanguine, 47 x 36,5 cm

Tête d'homme représenté de trois quarts
Sanguine, 26 x 19,5 cm

Tête de femme représentée de trois quarts penchée vers la gauche
Sanguine, 25,5 x 19,5 cm

Visage de femme représentée de trois quarts penché vers la gauche
Sanguine, 25,5 x 19,5 cm

Tête dressée vue de face et visage penché de trois quarts
Sanguine, 37,5 x 32 cm

Personnage féminin dans les nuages, tendant les bras, accueillant un deuxième personnage
Sanguine, 40 x 38,5 cm

Cinq études d'hommes nus : de profil, de dos, de trois quarts, penché
Sanguine, 38,5 x 56 cm

Groupe de trois personnages : homme et femme entourant un corps inanimé (Pieta)
Dessin à la plume, 18 x 14 cm

Homme nu enlaçant une femme nue
Dessin à la plume, 23 x 14 cm

Deux études de personnage nu debout portant par les mains un deuxième personnage de dimensions réduites
Dessin à la plume, 38,3 x 25,8 cm

Homme nu debout portant une femme nue sur son épaule
Dessin à la plume, 23 x 15 cm

Femme nue vue de dos, debout, portant dans ses bras un enfant nu
Dessin à la plume, 22,3 x 14,5 cm

Personnage assis
Dessin à la plume, 17,8 x 11 cm

Deux corps inanimés
Dessin à la plume, 11,3 x 17,5 cm

Personnages se tenant la main
Dessin à la plume, 19,5 x 15,2 cm

Étude de nus et de tête
Dessin à la plume, 21,5 x 17 cm

Femme nue assise
Dessin à la plume, 16,5 x 12,2 cm

Trois études de nu
Dessin à la plume, 13,3 x 17,1 cm

Deux études de nu et visage
Dessin à la plume, 16,8 x 13,5 cm

Tête de profil, tournée vers la gauche
Dessin à la plume, 20 x 13,1 cm

Portraits

Portrait de femme à la coiffe, vue de trois quarts, souriante, tournée vers la droite, 1905
Dessin au crayon, 52 x 31,5 cm

Autoportrait de trois quarts tourné vers la gauche, 1908
Dessin au crayon, 27,3 x 20,5 cm

Autoportrait de trois quarts tourné vers la droite et figures féminines apparaissant en grisaille à droite et à gauche, 1908
Dessin au crayon, 31,5 x 43 cm

Femme aux yeux fermés, cheveux flottant, mains croisées sur la poitrine représentée de trois quarts et tournée vers la droite, 1908
Dessin au crayon, 59,5 x 38,4 cm

Femme âgée vue de trois quarts penchée vers la gauche, 1909
Dessin au crayon, 31 x 19,2 cm

Homme à la moustache, représenté de profil et de trois quarts, tourné vers la droite, 1910
Dessin au crayon, 50 x 48 cm

Homme âgé à moustaches et barbe en pointe vu de trois quarts, tourné vers la gauche, 1910
Dessin au crayon, 43 x 39,2 cm

Homme à la moustache et à la
barbe en pointe représenté
de profil de trois quarts tourné
vers la gauche, 1910
Dessin au crayon, 48,5 x 41,5 cm

Homme à la raie au milieu,
vu de face, 1911
Dessin au crayon, 55,5 x 46,5 cm

Homme à la moustache et à la
barbe en pointe vu de
trois quarts et tourné vers la
gauche ; au fond, femme nue
assise, esquissée, 1912
Dessin au crayon, 53,5 x 50,5 cm

Portrait de Giuseppe Garibaldi,
vu de trois quarts tourné
vers la gauche, 1913
Dessin au crayon, 72 x 52,5 cm

Femme représentée jusqu'à la
taille, de trois quarts, tournée
vers la gauche aux cheveux
bouffants, 1913
Dessin au crayon, 74 x 46,2 cm

Femme portant un voile et un
bijou sur le front, représentée
jusqu'à la taille, ramenant la
main droite vers son épaule
gauche, 1914
Dessin au crayon, 71 x 53 cm

Homme vu de profil et
de trois quarts, tourné vers
la gauche, 1915
Dessin au crayon, 50 x 51 cm

Homme souriant, représenté
de trois quarts et tourné vers
la droite, 1918
Dessin au crayon, 43 x 37 cm

Homme âgé à la barbe en pointe
représenté de trois quarts, tourné
vers la droite, 1920
Dessin au crayon, 45,5 x 40 cm

Femme représentée de face
et de trois quarts la main droite
appuyée sur la tempe droite,
1923
Dessin au crayon, 51 x 54,8 cm

Homme à la moustache,
représenté de trois quarts tourné
vers la droite, 1925
Dessin au crayon, 45,5 x 41,5 cm

Femme vue de profil et de trois
quarts tournée vers la gauche,
de face et de trois-quarts tournée
vers la droite, 1925
Dessin au crayon, 54,6 x 76 cm

Femme brune vue de trois quarts
en buste, tournée vers la droite
et les cheveux séparés par
une raie, 1927
Dessin au crayon, 50,9 x 37,5 cm

Femme blonde aux cheveux flous,
représentée de trois quarts
tournée vers la droite, 1927
Dessin au crayon, 45 x 35,5 cm

Homme portant des lunettes et
à la petite moustache, vu de face
Dessin au crayon, 43 x 43,5 cm

Vieillard à la longue barbe, vu de
trois quarts tourné vers la gauche
Dessin au crayon, 51,5 x 46 cm

Autoportrait à la petite
moustache vu de trois quarts
tourné vers la droite
Dessin au crayon, 23 x 18 cm

Homme vu de profil et de trois
quarts tourné vers la gauche
Dessin au crayon, 50 x 50,5 cm

Homme vu légèrement de trois
quarts tourné vers la gauche,
avec une mèche sur le front
Dessin au crayon, 50 x 43 cm

Femme légèrement penchée
vers la droite et vue de profil
Dessin au crayon, 57 x 50 cm

Femme vue de trois quarts
tournée vers la droite,
avec une raie séparant ses
cheveux au milieu de la tête
Dessin au crayon, 57 x 40 cm

Femme âgée au chignon
représentée de profil,
tournée vers la gauche
Dessin au crayon, 49 x 33 cm

Jeune fille aux épaules nues,
vue de trois quarts et penchée
vers la gauche
Dessin au crayon, 39 x 46,5 cm

Femme vue de trois quarts
tournée vers la gauche
Dessin au crayon, 39,5 x 33 cm

Femme aux cheveux flottants,
aux yeux fermés, vue de trois
quarts, tournée vers la gauche
Dessin au crayon, 37 x 34,5 cm

Femme âgée vue de trois quarts,
tournée vers la droite
Dessin au crayon, 40,5 x 36 cm

Femme vue de trois quarts
légèrement inclinée vers
la gauche
Dessin au crayon, 45 x 37 cm

Homme à la moustache
vu de trois quarts et tourné
vers la droite
Dessin au crayon, 42 x 45 cm

Homme âgé au crâne dégarni,
à la barbe en pointe et
à la moustache, vu de face
et de profil
Dessin au crayon, 45 x 42,5 cm

Homme au front dégarni, vu de
trois quarts tourné vers la gauche
Dessin au crayon, 43 x 29,1 cm

Jeune homme vu légèrement de
trois quarts tourné vers la gauche
Dessin au crayon, 39,5 x 32,5 cm

Homme vu de trois quarts
tourné vers la droite,
à moustaches et barbiche
Dessin au crayon, 40 x 34,5 cm

Homme légèrement incliné
en arrière, vu de trois quarts,
tourné vers la gauche
Dessin au crayon, 35 x 36,7 cm

Homme au large front osseux,
vu de trois quarts, tourné
vers la gauche
Dessin au crayon, 42 x 31 cm

Homme vu de profil, tourné
vers la gauche, au crâne dégarni
Dessin au crayon, 37,5 x 27,7 cm

Homme âgé à la moustache
et à la barbe en pointe,
légèrement incliné vers la gauche
Dessin au crayon, 46,5 x 42,5 cm

Jeune homme aux cheveux longs
séparés par une raie, vu de
trois quarts, tourné vers la gauche
Dessin au crayon, 41,5 x 38,2 cm

Homme portant des lunettes,
vu de trois quarts tourné vers
la droite
Dessin au crayon, 47,2 x 41,5 cm

Homme vu de face, les cheveux
ramenés vers la gauche
Dessin au crayon, 49,5 x 44,7 cm

Homme incliné vers la droite, vu
de trois quarts, au crâne dégarni
Dessin au crayon, 41,5 x 36 cm

Homme vu de profil légèrement
incliné en avant
Dessin au crayon, 54 x 43,5 cm

Femme vue de trois quarts
tournée vers la droite
Dessin au crayon, 28 x 22 cm

Femme riant, vue de trois quarts,
tournée vers la droite, penchant
légèrement la tête
Dessin au crayon, 29 x 25,3 cm

Homme aux cheveux longs, vu de
trois quarts, tourné vers la droite
Dessin au crayon, 16,5 x 13 cm

Homme à la moustache,
aux yeux baissés, vu de profil,
tourné vers la droite
Dessin au crayon, 17,2 x 11,5 cm

Visages imaginaires

Homme à la coiffe, aux yeux
vides, vu de trois quarts, tourné
vers la gauche, 1901
Dessin au crayon, 14,1 x 10,6 cm

Femme vue de face, un globe
devant elle, 1904
Dessin au crayon, 25,1 x 20 cm

Adolescent la bouche ouverte,
vu de trois quarts tourné vers
la droite, 1905
Dessin au crayon, 22,4 x 21,3 cm

Deux visages, vus de trois quarts,
tournés vers la droite; le premier
jeune et souriant; le 2e âgé, 1914
Dessin au crayon, 27,5 x 38 cm

Homme vu de face à la
moustache et à la coiffe
(le Prophète), 1920
Dessin au crayon, 36,7 x 26,3 cm

Homme vu de face, à la
moustache et aux cheveux noirs
(le Prophète), 1926
Dessin au crayon, 46,5 x 37,5 cm

St. Jean l'Évangéliste, portant
une moustache et une coiffe,
vu de trois quarts, tourné vers
la droite, 1928
Dessin au crayon, 28 x 21,5 cm
Au bas du dessin, à gauche sur
le carton, au crayon : John the
Beloved Disciple any place where
John speaks to palamo

Apôtre Simon, représenté
de face, 1928
Dessin au crayon, 16,5 x 13,3 cm
Au-dessous du dessin, au crayon :
Simon who was called Peter

Homme de profil aux cheveux
longs et barbu
Dessin au crayon, 17,5 x 11 cm

Homme vu de face à la coiffe
et portant une moustache
(le Prophète)
Dessin au crayon, 41,2 x 33,5 cm

Femme vue de profil, tournée
vers la gauche
Dessin au crayon, 9 x 5,2 cm

Homme représenté de trois
quarts portant une barbe et
légèrement incliné en arrière
Dessin au crayon, 15,3 x 16,2 cm

Homme barbu vu de face,
les yeux baissés
Dessin au crayon, 16,5 x 13 cm

Homme barbu, portant une
moustache, aux cheveux séparés
par une raie, vu de trois quarts,
tourné vers la gauche
Dessin au crayon, 36 x 25,5 cm

Homme représenté de trois
quarts, tourné vers la gauche,
moustaches et barbe divisés en
deux pointes (Christ)
Dessin au crayon, 27,5 x 21,5 cm

Femme vue de face, visage
hachuré au crayon
Dessin au crayon, 33 x 21,5 cm

Masque aux paupières closes,
vu de face
Dessin au crayon, 24,5 x 19,5 cm

Les aveugles : trois d'entre eux
tournés vers la droite, et l'un
tourné vers la gauche
Dessin au crayon, 46 x 30 cm
En bas, au crayon : The Blind

Femme vue de trois quarts,
tournée vers la gauche,
légèrement inclinée en arrière
Dessin au crayon, 26,8 x 21 cm

Femme vue de trois quarts
inclinée en arrière les yeux
fermés, tournée vers la droite
sur fond sombre
Dessin au crayon, 30,3 x 27,2 cm

Homme vu de profil, tourné vers
la gauche légèrement penché
Dessin au crayon, 28 x 21,5 cm

Homme vu de trois quarts tourné
vers la gauche, portant une coiffe
et les yeux vides
Dessin au crayon, 31,5 x 26 cm
En bas à droite, au crayon :
The Mask

Homme vu de trois quarts tourné
vers la gauche portant une coiffe
et esquissé de profil
Dessin au crayon, 30 x 22,4 cm

Homme vu de profil, tourné vers
la gauche, incliné en arrière
Dessin au crayon, 27,3 x 21,5 cm

Femme vue légèrement de trois
quarts, inclinée vers la gauche,
souriante, les yeux fermés
Dessin au crayon, 31 x 22,5 cm

Profil de femme tournée vers
la gauche, légèrement penchée
en avant, portant un chignon
Dessin au crayon, 17 x 9,3 cm

Femme inclinée vers la droite,
vue de trois quarts
Dessin au crayon, 27,4 x 21,5 cm

Homme portant une coiffe,
vu de trois quarts tourné
vers la gauche, au visage ridé
Dessin au crayon, 34 x 24 cm

Femme portant une coiffe, les
yeux vides, vue de trois quarts,
tournée vers la gauche
Dessin au crayon, 44,5 x 33,5 cm

Femme au visage très estompé,
vue légèrement de trois quarts,
tournée vers la droite
Dessin au crayon, 27,5 x 21,5 cm

Femme au visage souriant,
inclinée en arrière, vue de trois
quarts, tournée vers la droite
Dessin au crayon, 27,5 x 21,5 cm

Homme portant une moustache,
vu de trois quarts, tourné vers la
droite; à gauche, corps de femme
vu de dos
Dessin au crayon, 26 x 19,5 cm

Profil d'homme portant
une calotte
Dessin au crayon, 26 x 19,5 cm

Vieillard vu de trois quarts tourné
vers la gauche, à la longue barbe
Dessin au crayon rehaussé
d'aquarelle, 34 x 26,5 cm

Vieillard vu de trois quarts,
tourné vers la gauche, à la
longue barbe
Dessin au crayon, 31 x 22,9 cm

Japonaise représentée jusqu'à
la taille, inclinée vers la droite
Dessin au crayon, 25,8 x 19,5 cm

Étude de nus

Homme nu dont la main droite
est ramenée contre la joue,
entouré de deux femmes nues,
1914
Dessin au crayon, 45,5 x 27,5 cm

Homme nu assis, la tête inclinée
en arrière, 1914
Dessin au crayon, 43,2 x 31,5 cm

Deux femmes nues assises, 1914
Dessin au crayon, 44,5 x 28,6 cm

Femme nue assise inclinée vers
la gauche, les deux bras relevés,
1914
Dessin au crayon, 54,5 x 68,5 cm

Deux hommes nus, l'un à genoux,
l'autre assis
Dessin au crayon, 42,6 x 50,7 cm

Jeune homme assis tête baissée,
les pieds croisés
Dessin au crayon, 59,5 x 43,5 cm

Femme nue assise, la tête baissée
Dessin au crayon, 54,5 x 38 cm

Femme étendue les bras ramenés
sous la tête
Dessin au crayon, 36,5 x 51 cm

Femme nue assise tête baissée;
homme cachant sa tête dans son
bras droit posé sur son genou
Dessin au crayon, 51 x 35 cm

Femme nue étendue, la jambe
droite ramenée en avant,
et femme nue de dimensions
réduites
Dessin au crayon, 54,5 x 73,2 cm

Femme nue jusqu'à la taille,
la tête penchée vers la droite
Dessin au crayon, 72,5 x 54 cm

Homme nu debout, tournant
la tête vers la droite
Dessin au crayon, 56 x 30,5 cm

Femme nue debout levant la
main gauche, la tête baissée
Dessin au crayon, 31,5 x 16 cm

Femme étendant le bras gauche
et inclinant la tête sur l'épaule
droite
Dessin au crayon, 38 x 26 cm

Homme nu la tête renversée
en arrière avec une béquille sous
l'épaule droite
Dessin au crayon, 20,5 x 13 cm

Trois personnages nus, l'un vu
de dos agenouillé, l'autre étendu
à plat ventre, le dernier de profil
Dessin au crayon, 7 x 20,8 cm

Deux femmes, l'une de profil
avec un voile, l'autre penchée
l'embrassant, 1914
Dessin au crayon, 43,5 x 33 cm

Deux hommes nus étendus, l'un
sur le dos, l'autre à plat ventre,
1914
Dessin au crayon, 28,5 x 39 cm

Deux hommes nus étendus,
le premier sur le côté droit la tête
au creux de son bras, l'autre
à plat ventre
Dessin au crayon, 39 x 54,5 cm

Couples

Homme nu assis enlaçant une
femme étendue à plat ventre,
1914
Dessin au crayon, 28,5 x 39 cm

Homme nu debout bras écartés,
femme nue vue de dos les bras
posés sur les bras de l'homme,
1915
Dessin au crayon rehaussé
d'aquarelle, 25,2 x 20,1 cm

Femme étendue, vue de dos, face
à un homme penché vers elle,
la main gauche ramenée sur
son visage
Dessin au crayon, 43,5 x 59,5 cm

Femme nue agenouillée tenant
les mains d'un homme nu vu
de profil, penché vers elle
Dessin au crayon, 38,5 x 28,7 cm

Couples et enfants

Femme nue assise tête penchée
vers un homme nu, à droite deux
enfants nus, 1914
Dessin au crayon, 39,5 x 29 cm

Homme nu assis, vu de profil
étendant la main sur la tête
d'un enfant nu, à gauche femme
penchant la tête et mettant
la main droite sur la tête de
l'enfant ; à droite, enfant nu
incliné vers la gauche
Dessin au crayon, 54 x 60,5 cm

Femme nue à genoux regardant
le ciel, un enfant accroché à son
bras droit ; homme nu assis de
profil ; à droite, enfant vu de dos
tirant à l'arc
Dessin au crayon, 21,5 x 22 cm

Femmes et enfants

Femme nue assise de trois quarts,
tendant la main gauche vers un
enfant nu, à droite, femme nue
assise de profil, la tête dans
le creux du bras gauche, 1914
Dessin au crayon, 27,2 x 45,5 cm

Groupe de femmes (au nombre
de six) se tenant par la main et
dansant avec un enfant, 1915
Dessin au crayon, 13 x 16,5 cm

Femme nue debout portant un
enfant dans le creux du bras droit
et l'allaitant, 1918
Dessin au crayon rehaussé
d'aquarelle, 19 x 21,5 cm

Femme assise tête baissée,
avec deux enfants à gauche
et un enfant à droite
Dessin au crayon, 17,5 x 18 cm

Femme étendue sur le côté droit
tendant la main droite, un enfant
contre sa poitrine
Dessin au crayon, 12,5 x 21,6 cm

Femme nue assise portant
un enfant contre elle, tournée
vers la droite
Dessin au crayon, 21,5 x 16,5 cm

Femme nue assise tournée vers
la droite, portant un enfant nu
Dessin au crayon, 73,5 x 51 cm

Études de mouvements de danse

Femme tournée vers la droite,
bras gauche levé, jambe gauche
pliée, 1914
Dessin au crayon, 27,8 x 21,5 cm

Femme vue de trois quarts
tournée vers la gauche, bras
étendus, avançant le pied droit,
1914
Dessin au crayon, 21,5 x 27,8 cm

Femme vue de trois quarts,
tournée vers la gauche tendant
la main gauche, les jambes pliées,
1914
Dessin au crayon, 21,5 x 27,5 cm

Femme représentée de trois
quarts tournée vers la gauche,
les bras levés, le pied droit relevé
et la taille ployée, 1914
Dessin au crayon, 28 x 21,5 cm

Femme aux bras levés, pied droit
avançant, tête inclinée en arrière,
1914
Dessin au crayon, 27,7 x 21,5 cm

Femme baissant la tête vers la
gauche, bras levés, jambe droite
pliée
Dessin au crayon, 28 x 21,5 cm

Femme de profil, baissée, bras
étendus, pied droit replié
Dessin au crayon, 21,5 x 28 cm

Compositions symbolistes et religieuses

Femme debout sur des pierres,
tête inclinée en arrière, 1905
Dessin au crayon rehaussé de
crayon bleu, 26,4 x 21 cm

Homme nu assis portant un
personnage nu de dimensions
réduites contre sa poitrine, 1914
Dessin au crayon, 70 x 53,5 cm

Homme nu, tête levée, à quatre
pieds et six bras, 1914
Dessin au crayon, 75 x 55 cm

Homme nu les pieds se terminant
en sabots, crucifié, vu de trois
quarts et tourné vers la gauche,
1914
Dessin au crayon, 75 x 55,3 cm

Trois hommes nus agenouillés,
mains tendues vers un même
point à terre, 1914
Dessin au crayon, 55 x 75 cm

Femme nue assise, la tête de
profil, à sa gauche et à sa droite
deux enfants nus ; derrière le
groupe, esquisse de personnage
de grande dimension, étendant
le bras gauche, 1914
Dessin au crayon, 53 x 34,5 cm

Homme assis tête baissée, tenant
entre ses bras un personnage de
dimensions réduites, vu de face,
1915
Dessin au crayon, 25,2 x 20,1 cm

Visage de femme vue de face ;
visage d'homme vu de trois
quarts ; tête d'enfant vu de
profil ; en haut, deux
personnages qui volent et
un ange, 1917
Dessin au crayon, 40 x 39,5 cm

Homme nu marchant la tête levée vers le ciel, suivi par des femmes et des hommes et un enfant de dimensions réduites et un groupe volant derrière lui, 1918
Dessin au crayon, 28 x 21,5 cm

Groupe de trois personnages nus, debout, 1918
Dessin au crayon, 21,3 x 17,3 cm

Femme aux yeux baissés portant dans la paume des mains deux enfants nus enlacés, 1928
Dessin au crayon, 71 x 55,5 cm

Personnage assis vu de dos, soulevant un deuxième personnage de dimensions réduites devant un groupe de trois femmes, 1928
Dessin au crayon, 75,5 x 56 cm

Homme vu de dos, debout, tête baissée, le bras droit ramené vers le front; derrière lui, vers le haut, un squelette
Dessin au crayon, 12 x 7,5 cm

Femme nue debout, bras levés, visage tourné vers la gauche; entre ses jambes un mouton et sur le côté droit, un adolescent nu, de dimensions réduites
Dessin au crayon, 33,5 x 21,5 cm

Œil apparaissant dans la paume d'une main entourée d'ailes; en haut et en bas des personnages étendus
Dessin au crayon, 28 x 21,6 cm

Visage de femme à la coiffe, yeux baissés, penché vers la droite et vers la tête d'un enfant
Dessin au crayon, 28 x 21,5 cm

Pieta
Dessin au crayon, 75 x 51 cm

Personnage vu de dos en position descendante, la main droite pointant vers des cercles concentriques, entouré de personnages esquissés
Dessin au crayon, 75 x 56,5 cm

Femme nue, bras étendus, tête baissée vers la gauche, devant une tête de vieillard à la longue barbe
Dessin au crayon, 38 x 38,5 cm

Femme nue ailée, debout, le bras droit ramené sur la tête; à ses pieds, trois personnages
Dessin au crayon, 61 x 47 cm

Personnage nu agenouillé le bras droit levé, sur sa poitrine un deuxième personnage nu de dimensions réduites; derrière, esquisse de buste
Dessin au crayon, 49 x 33 cm

Homme nu vu de profil tendant les bras vers un personnage nu étendu tourné vers la gauche
Dessin au crayon, 44 x 32 cm

Femme à genoux au milieu d'un homme et d'une femme agenouillés se tenant la main
Dessin au crayon, 29,5 x 21,5 cm

Groupe de cinq femmes assises, bras levés, autour d'une forme humaine
Dessin au crayon, 35,7 x 27,5 cm

Groupe de trois femmes nues; celle du centre vue de face enlaçant une femme de profil, et une femme de trois quarts la tête penchée vers la gauche
Dessin au crayon rehaussé d'aquarelle, 30 x 23 cm

Descente de croix
Dessin au crayon, 21,5 x 21,5 cm

Personnage féminin à la poitrine dénudée assise la tête ployée en arrière, encadrée par deux femmes debout
Dessin au crayon, 30 x 25,7 cm

Tigre ou lion à tête de femme, vu de profil
Dessin au crayon, 19,5 x 26 cm

Personnage vu de face, tenant dans la main droite de l'encens
Dessin au crayon, 27 x 20,7 cm

Deux anges s'embrassant dans les nues
Dessin au crayon, 19,5 x 25,5 cm

Femme à pattes d'animal, vue de face, cheveux flottants, serrant contre sa poitrine des personnages de dimensions réduites
Dessin au crayon, 19,5 x 25,7 cm

Femme représentée de trois quarts, portant dans le creux de ses mains, en transparence, un enfant de dimensions réduites
Dessin au crayon, 27,5 x 37 cm

Homme et femme nus, agenouillés, enlaçant un ange; au fond, esquisse de deux personnages enlacés
Dessin au crayon, 32 x 21,5 cm

Jeune homme à genoux en face d'une femme assise qui lui prend la tête dans les mains; à gauche, un ange portant un rameau fleuri
Dessin au crayon, 34,5 x 24,5 cm

Jeune homme assis posant la tête sur les genoux d'une femme; à droite, un ange portant une coupe de la main gauche
Dessin au crayon, 35,5 x 25,5 cm

Ange-enfant, étendu les yeux fermés au milieu de fleurs
Dessin au crayon, 8,5 x 22,5 cm

Fleur surgissant de la paume d'une main tendue
Dessin au crayon, 11,2 x 17,3 cm

Centaure portant un enfant sur sa croupe
Dessin au crayon, 25,6 x 19,5 cm

Personnage assis la tête entre les bras relevés, sur un deuxième personnage
Dessin au crayon, 25,5 x 19,5 cm

Homme nu vu de profil, qui marche, à droite un deuxième personnage position ascendante
Dessin au crayon, 28 x 21,5 cm

Femme étendue à plat ventre, le menton dans ses mains, et cinq études en vue de différentes positions
Dessin au crayon rehaussé de sanguine, 21,5 x 26,6 cm

Groupe de personnages, avec au premier plan femme nue assise, bras pendant tête courbée, un serpent enroulé autour de son pied, au bas d'une statue à trois têtes (pharaonique, hindoue, assyrienne), 1918
Dessin au crayon, 28 x 21,5 cm

Femme nue de profil devant un groupe de femmes; au-dessus cinq femmes soufflant dans une trompette
Dessin au crayon, 28 x 21,5 cm

Deux mains ouvertes entre lesquelles apparaît une femme nue assise tenant entre ses mains un petit ange
Dessin au crayon, 28 x 21,5 cm

Homme nu étendu à terre, un serpent enroulé autour de sa main; sur son dos un ange debout; derrière, une femme nue assise
Dessin au crayon, 28 x 21,5 cm

Homme nu debout entouré par deux femmes nues et deux enfants; à ses pieds des monstres
Dessin au crayon, 28 x 21,7 cm

Homme ailé, nu, debout, bras étendus, serpents enroulés autour de ses pieds écartés; à droite et à gauche, groupes d'hommes et de femmes nus
Dessin au crayon, 28 x 21,5 cm

Homme nu debout, portant une balance dont le plateau droit est occupé par un personnage assis, encerclé par un groupe de femmes nues
Dessin au crayon, 28 x 21,5 cm

Femme nue assise dont la partie supérieure de la tête comporte un deuxième visage à la bouche pourvue de crocs, les bras écaillés se terminant en tête d'animal ; à sa gauche, corps inanimés
Dessin au crayon, 28 x 21,5 cm

Christ auréolé, vu de profil tourné vers la gauche, marchant au milieu de planètes
Dessin au crayon, 70 x 50,7 cm
Sous le dessin, vers la droite :
The Great traveller

Femme nue étendue, le bras gauche ramené autour de la tête, dans un paysage
Dessin au crayon, 18 x 22,5 cm

Telfair Museum of Art, Savannah, La Géorgie, États-Unis

Self Portrait, 1911
Huile sur carton, 44,4 x 36,8 cm
Don de Mary Haskell Minis, 1950
1950.8.1

Mother Earth, d'après *Les Dieux de la terre,* c. 1931
Aquarelle et crayon sur papier
27,9 x 21,5 cm
Don de Mary Haskell Minis, 1950
1950.8.10

Life, d'après *Le Jardin du prophète,* 1930
Aquarelle et crayon sur papier
27,9 x 21,5 cm
Don de Mary Haskell Minis, 1950
1950.8.12

The Outstretched Hand, d'après *Le Jardin du prophète,* 1930
Aquarelle et crayon sur papier
27,9 x 21,2 cm
Don de Mary Haskell Minis, 1950
1950.8.13

The Summit, d'après *Sable et écume,* c. 1925
Aquarelle et crayon sur papier
27,9 x 21,5 cm
Don de Mary Haskell Minis, 1950
1950.8.14

Father, Mother and Creation, non daté
Sanguine sur papier,
44,1 x 61,2 cm
Don de Mary Haskell Minis, 1950
1950.8.16

Medusa, c. 1905-1908
Pastel sur papier, 34,2 x 21,5 cm
Don de Mary Haskell Minis, 1950
1950.8.17

The Great Longing, 1916
Aquarelle et crayon sur papier
27,6 x 21,5 cm
Don de Mary Haskell Minis, 1950
1950.8.19

Sans titre (Mariana Gibran, portrait de la sœur de l'artiste), non daté
Huile sur carton, 47,5 x 37,1 cm
Don de Mary Haskell Minis, 1950
1950.8.2

The Greater Self, 1917
Crayon sur papier, 26,6 x 20,3 cm
Don de Mary Haskell Minis, 1950
1950.8.20

The Heavenly Mother, d'après *Le Précurseur,* 1920
Crayon sur papier, 56,5 x 36,8 cm
Don de Mary Haskell Minis, 1950
1950.8.21

Jesus Son of Man, non daté
Crayon sur papier, 60 x 45,7 cm
Don de Mary Haskell Minis, 1950
1950.8.22

Head of Micheline, non daté
Crayon sur papier
27,6 x 22,2 cm
Don de Mary Haskell Minis, 1950
1950.8.23

Sans titre (Tête de Jésus mort), non daté
Crayon sur papier, 26,6 x 20,3 cm
Don de Mary Haskell Minis, 1950
1950.8.24

Head of Christ, 1920
Crayon sur carton, 20,3 x 15,2 cm
Don de Mary Haskell Minis, 1950
1950.8.25

The Gift, c. 1913-17
Crayon sur papier, 35,5 x 26 cm
Don de Mary Haskell Minis, 1950
1950.8.26

Sans titre (tête voilée), c. 1912-18
Crayon sur papier, 35,5 x 26 cm
Don de Mary Haskell Minis, 1950
1950.8.27

Sans titre (Étude d'une tête), c. 1910-12
Crayon sur papier, 40,3 x 25 cm
Don de Mary Haskell Minis, 1950
1950.8.28

Mother & Child, 1920
Crayon sur carton, 20,9 x 43,8 cm
Don de Mary Haskell Minis, 1950
1950.8.29

Uplifted Figure, 1915
Crayon et aquarelle sur papier
27,6 x 21,2 cm
Don de Mary Haskell Minis, 1950
1950.8.31

Study of a Face, 1917
Crayon sur papier, 23,5 x 18,7 cm
Don de Mary Haskell Minis, 1950
1950.8.32

Head of Christ, c. 1910-1915
Encre sur papier, 16,8 x 14,6 cm
Don de Mary Haskell Minis, 1950
1950.8.35

Profile of Mary Haskell, 1922
Crayon et aquarelle sur papier
37,4 x 27,3 cm
Don de Mary Haskell Minis, 1950
1950.8.36

Sans titre (Étude d'un visage), non daté
Crayon sur papier, 29,8 x 25,7 cm
Don de Mary Haskell Minis, 1950
1950.8.37

The Three Are One, frontispice d'après *Le Fou,* 1918
Crayon sur papier, 56,5 x 38,1 cm
Don de Mary Haskell Minis, 1950
1950.8.39

The Head of Orpheus Floating Down the River Hebrus to the Sea, non daté
Huile sur toile, 50,8 x 66 cm
Don de Mary Haskell Minis, 1950
1950.8.4

The Dying Man and the Vulture, d'après *Le Précurseur,* 1920
Crayon sur papier, 55,8 x 42,5 cm
Don de Mary Haskell Minis, 1950
1950.8.40

Sans titre (« The Gentle Comforter »), 1920
Aquarelle sur papier,
100,9 x 65 cm
Don de Mary Haskell Minis, 1950
1950.8.41

Sans titre (Sappho), non daté
Huile sur toile, 64,4 x 45,7 cm
Don de Mary Haskell Minis, 1950
1950.8.42

Portrait of the Artist's Mother, non daté
Huile sur toile, 59,6 x 73 cm
Don de Mary Haskell Minis, 1950
1950.8.43

Sans titre (Femme tenant deux enfants), 1907
Crayon sur papier, 31,7 x 12 cm
Don de Mary Haskell Minis, 1950
1950.8.44

Sans titre (Enfant tenant une sphère), c. 1911-15
Crayon sur papier, 19,6 x 14,9 cm
Don de Mary Haskell Minis, 1950
1950.8.46

Sans titre (Tête et main de Jésus), non daté
Crayon sur papier, 26,6 x 20,3 cm
Don de Mary Haskell Minis, 1950
1950.8.47

Sans titre (Femme nue se penchant en avant), 1911
Crayon sur papier, 32 x 24 cm
Don de Mary Haskell Minis, 1950
1950.8.48

Sans titre (Esquisse d'une tête), 1917
Crayon sur papier, 30,4 x 23 cm
Don de Mary Haskell Minis, 1950
1950.8.49

Crossed Open Embrace, d'après *Le Jardin du prophète*, non daté
Crayon, fusain sur papier, 35,8 x 27,6 cm
Don de Mary Haskell Minis, 1950
1950.8.5

Sans titre (Mère et enfant), c. 1910-15
Crayon sur papier, 24,1 x 15,3 cm
Don de Mary Haskell Minis, 1950
1950.8.50

Sans titre (Femme tenant un petit personnage dans la main), c. 1912-15
Crayon sur papier, 19,5 x 26,5 cm
Don de Mary Haskell Minis, 1950
1950.8.51

Design for Converse Honor, 1917
Crayon sur papier, 27,6 x 20,9 cm
Don de Mary Haskell Minis, 1950
1950.8.52

Sans titre (Esquisse d'un homme et d'une femme), 1910
Crayon sur carton, 22,2 x 18,4 cm
Don de Mary Haskell Minis, 1950
1950.8.53

Sans titre (Tête d'une femme), c. 1912-16
Crayon sur carton, 20,6 x 26,3 cm
Don de Mary Haskell Minis, 1950
1950.8.54

Sans titre (Une femme et trois personnages de la mort), non daté
Crayon sur papier, 27,6 x 22,2 cm
Don de Mary Haskell Minis, 1950
1950.8.55

Sans titre (Trois personnages nus assis), 1911
Crayon sur papier, 32 x 24,1 cm
Don de Mary Haskell Minis, 1950
1950.8.56

Sans titre, 1921
Aquarelle et crayon sur papier, 12 x 15,2 cm
Don de Mary Haskell Minis, 1950
1950.8.57

Sans titre (Tête d'un homme), 1910
Pastel sur papier gris, 26,3 x 20,3 cm
Don de Mary Haskell Minis, 1950
1950.8.58

Sans titre (Tête de Christ et bras nu), non daté
Plume et encre sur papier, 5,7 x 2,8 cm
Don de Mary Haskell Minis, 1950
1950.8.59

Sans titre (Nu au drapé bleu), non daté
Pastel sur papier, 46 x 63,8 cm
Don de Mary Haskell Minis, 1950
1950.8.6

Sans titre (Deux personnages, une femme avec un enfant, l'autre un homme), non daté
Crayon sur papier, 17,7 x 15,2 cm
Don de Mary Haskell Minis, 1950
1950.8.60

Head of Sultana Tabit, 1901 ou 1908
Crayon sur papier, 18,4 x 12,3 cm
Don de Mary Haskell Minis, 1950
1950.8.61

Head of Micheline and Line Drawing of Sultana's Head, 1908
Crayon et encre sur papier, 19,6 x 12,3 cm
Don de Mary Haskell Minis, 1950
1950.8.62

Sans titre (Esquisse d'une tête de femme), 1922
Crayon sur papier, 17,7 x 8,2 cm
Don de Mary Haskell Minis, 1950
1950.8.63

Sans titre (Tête d'une femme), 1910 ou 1911
Crayon sur papier, 20 x 12,3 cm
Don de Mary Haskell Minis, 1950
1950.8.64

Sans titre, d'après *Sable et écume*, (Femme nue allongée flottant sur un nuage au-dessus d'une rivière), c. 1925
Aquarelle et crayon sur papier, 27,9 x 21,5 cm
Don de Mary Haskell Minis, 1950
1950.8.65

Sans titre, d'après *Le Jardin du prophète* (Nue accroupie reflétée sur un étang avec des enfants flottant en l'air), 1930
Crayon, aquarelle, gouache, papier monté sur carton, 35,8 x 27,6 cm
Don de Mary Haskell Minis, 1950
1950.8.66

Sans titre, d'après *Le Jardin du prophète*, 1930
Aquarelle et crayon sur papier, 27,9 x 21,5 cm
Don de Mary Haskell Minis, 1950
1950.8.67

Sans titre, d'après *Le Jardin du prophète*, 1930
Aquarelle et crayon sur papier, 27,9 x 21,2 cm
Don de Mary Haskell Minis, 1950
1950.8.68

Sans titre (Homme et femme), 1910
Fusain sur papier, 62,5 x 47,9 cm
Don de Mary Haskell Minis, 1950
1950.8.69

The Blessed Mountain, d'après *Sable et écume*, non daté
Aquarelle sur papier, 27,9 x 21,5 cm
Don de Mary Haskell Minis, 1950
1950.8.7

Sans titre (Personnage de type madone), 1910
Crayon et pastel sur papier, 59,6 x 42,8 cm
Don de Mary Haskell Minis, 1950
1950.8.70

Mary Haskell, 1908
Fusain sur papier, 40 x 30,4 cm
Don de Mary Haskell Minis, 1950
1950.8.71

Sans titre (Tête, peut-être Micheline), 1908
Crayon sur papier, 42,5 x 28,8 cm
Don de Mary Haskell Minis, 1950
1950.8.72

Head of Emily Michel, 1908
Crayon sur carton, 45,7 x 30,4 cm
Don de Mary Haskell Minis, 1950
1950.8.73

Sans titre (Femme nue ascendant avec des bras étendus), c. 1915-1918
Crayon sur papier, 58,7 x 39 cm
Don de Mary Haskell Minis, 1950
1950.8.74

Sans titre (Deux personnages féminins dansant), c. 1910-1913
Crayon sur papier, 55,8 x 37,4 cm
Don de Mary Haskell Minis, 1950
1950.8.75

Sans titre (Personnage avec des cheveux flambant), 1903
Crayon de couleur ou pastel sur papier, 38,7 x 41,9 cm
Don de Mary Haskell Minis, 1950
1950.8.76

Sans titre (recto-verso, une tête sur chaque côté du papier), non daté
Crayon/encre sur le verso, sur carton, 2,5 x 5,4 cm
Don de Mary Haskell Minis, 1950
1950.8.77

Sans titre (Personnage féminin assis la tête sur les genoux), 1917-1920
Crayon avec lavis rouge sur papier
24,7 x 20,3 cm
Don de Mary Haskell Minis, 1950
1950.8.78

Sans titre (Femme avec cinq nus flottant), 1913-1917
Crayon sur carton, 31,4 x 37,7 cm
Don de Mary Haskell Minis, 1950
1950.8.79

Spirit of Light or *Spiritual Communion*, 1921
Aquarelle et crayon sur papier, 27,9 x 20,3 cm
Don de Mary Haskell Minis, 1950
1950.8.8

Sans titre (recto-verso, tête d'une femme sur chaque côté), 1905
Crayon sur papier, 33,3 x 21,2 cm
Don de Mary Haskell Minis, 1950
1950.8.80

Sans titre (personnage agenouillé avec enfant), c. 1915-1918
Crayon sur papier, 21,5 x 16,5 cm
Don de Mary Haskell Minis, 1950
1950.8.81

Sans titre (Portrait d'une femme et la tête de la mort), 1910
Fusain sur papier, 45,7 x 33,6 cm
Don de Mary Haskell Minis, 1950
1950.8.85

Sans titre (Tête de femme, esquisse pour 1950.8. 76), c. 1910-1914
Crayon sur papier, 45,7 x 30,4 cm
Don de Mary Haskell Minis, 1950
1950.8.86

Sans titre (recto-verso, esquisse d'une femme nue avec les mains lévées), 1912
Crayon sur papier, 56,8 x 39 cm
Don de Mary Haskell Minis, 1950
1950.8.88

Charlotte Teller, 1908
Fusain sur papier, 36,2 x 48,2 cm
Don de Mary Haskell Minis, 1950
1950.8.89

Sans titre (Homme tenant un garçon), 1912
Crayon sur papier, 45 x 30,4 cm
Don de Mary Haskell Minis, 1950
1950.8.91

Charlotte Teller, 1908
Fusain sur papier, 40,6 x 37,7 cm
Don de Mary Haskell Minis, 1950
1950.8.92

Charlotte Teller, 1908
Crayon sur papier, 30 x 45,7 cm
Don de Mary Haskell Minis, 1950
1950.8.93

Autoportrait and Mary Haskell (recto-verso), 1910
Crayon sur papier, 55,8 x 46,9 cm
Don de Mary Haskell Minis, 1950
1950.8.94

Sans titre (Personnages nus se reposant), non daté
Aquarelle et crayon sur papier, 5 x 13 cm
Don de Mary Haskell Minis, 1950
1950.8.95

Sans titre (recto-verso, visage souriant portant un voile/soldat en uniforme), 1908
Visage en crayon sur carton/soldat en encre sur carton, 22,2 x 19,6 cm
Don de Mary Haskell Minis, 1950
1950.8.96

Tête d'une femme, 1920
Crayon sur carton Bristol, 17,7 x 15,2 cm
Don de Mme Dale C. Critz, 1979
1979.3

American University of Beirut, Jafet Library

Portrait et nu : *Osmose*
Aquarelle et crayon sur papier, 35 x 25 cm
Don de Dr. William Shehadi en 1959

Trois nus
Aquarelle et crayon sur papier, 33 x 21,5 cm
Don de Dr. William Shehadi en 1959

Nu assis, 1921
Aquarelle et crayon sur papier, 33 x 25 cm
Don de Dr. William Shehadi en 1959

Museum of Fine Arts, Boston

Nude Figure Kneeling Among Clouds
Crayon et aquarelle sur papier, 28 x 21,5 cm
Don de Mary Haskell Minis

Nude Figures, pointing
Crayon, 38,2 x 28,4 cm
Don de Mary Haskell Minis, Mai 5, 1932

Fogg Art Museum, Harvard University Art Museums

The Slave, 1920
Mine de plomb sur papier, 28 x 21,5 cm
Don de Professeur et Mme Reginald Daly
1932.48

And the Lamb prayed in his heart, 1920
Mine de plomb sur papier, 28 x 21,5 cm
Don de Professeur et Mme Reginald Daly
1932.47

The Flame
Aquarelle et mine de plomb sur carton, 35,3 x 27 cm
Don de Professeur et Mme Reginald Daly
1932.46

The Metropolitan Museum of Art

Albert Pinkham Ryder
Crayon, 76,8 x 56,5 cm
Don de Mary Haskell Minis, 1932
32.45.1

John Masefield
Crayon, 63,6 x 55,8 cm
Don de Mary Haskell Minis, 1932
32.45.2

I have come down the ages
Aquarelle, 35,5 x 26,6 cm
Don de Mary Haskell Minis, 1932
32.45.3

Towards the Infinite (Kamila Gibran, mère de l'artiste)
Aquarelle, 27,9 x 21,2
Don de Mary Haskell Minis, 1932
32.45.4

Esquisse pour Jésus le fils de l'homme
Crayon, 9,2 x 8,8
Don de Mary Haskell Minis, 1932
32.45.5

Mrs. Whitney
Crayon et fusain sur papier, 50,5 x 39,4 cm
Legs de Jane Erdmann Whitney, 1985
1986.263.7

The Newark Museum

Nude, 1916
Aquarelle et mine de plomb sur papier, 38 x 53,9
Legs de Thomas L. Raymond, 1929

Portrait of Thomas L. Raymond, ca. 1921-1923
Mine de plomb, 50,8 x 71
Don de Mary Haskell Minis, 1932

Collections privées

Kahlil Gibran : Sculpteur, filleul de l'artiste et portant le même nom. Il réside aux États-Unis, Boston, et gère la Fondation Mariana Gibran qui contient environ 160 tableaux, ainsi que des manuscrits, photographies, objets personnels de Gibran et son masque mortuaire.

Traductions
Dennis Collins : Souhail Bouchroui *Khalil Gibran : poète de l'écologie de la vie*, Christine Crafts Neals *L'art de Khalil Gibran*, Tania Sammons *Un plan plus élévé : les vies de Khalil Gibran et de Mary Haskell*; Jean-Pierre Dahdah : Gibran *Les enfants de demain*; Claire Dubois : Gibran (extrait de *Le Jardin du prophète*); Antoine Ghattas Karam : Gibran *Ô brume*; Paul Henri : Issa Makhlouf *Lumières sur un destin*; Fayez Malas : Adonis *Sur les rivages du prophétique* (tr. revue par Anne-Wade Minkowski); Salah Stétié : Gibran *Le cantique de l'homme*; François Zabbal : Monah el-Solh *Rêves d'Orient*, Fouad Kanaan *L'autre texture*, Naguib Mahfouz *Le beau et le mystique*, Gibran *Ô terre, La machine et l'esprit, Les neuf malheurs, Ô ma chambre, À Auguste Rodin, L'avenir de la langue arabe*.

Crédits photographiques
American University of Beirut, Jafet Library : n° 127 – Gérard de Martimprey : n° 16, 19, 20, 22, 24 – Victor Fakhry : n° 78, 89, 106, 109, 110, 111, 112, 114, 116 (G.), 117, 118, 120, 121, 122, 123, 124, 125, 126, 128, 129, 130, 131, 138, 139, 143 – Erwin Gaspin : n° 48, 50, 52, 63, 72, 73, 74, 75, 76, 80, 81, 82, 83, 84, 85, 86, 87, 90, 97, 99, 100, 102, 104, 107, 108, 113, 135, 136, 137, 142 – Fogg Art Museum, Harvard University Art Museums : n° 119, 132, 133 – Fred Holland Day : n° 32, 158, 182, 190 – Philippe Maillard : n° 26, 28, 29, 30, 31, 61, 64, 65, 67, 69, 70, 77, 79, 88, 115, 116 (D.), 140, 168 – The Metropolitan Museum of Art : n° 66, 68, 71, 134 – Edward Peterson : 96 (H.D.), 96 (B.) – Anne Thomasset : n° 96 (H.G.) – D.R. : n° 10, 44, 59, 62, 70, 93, 141, 144

Illustration de la couverture
Esquisse d'un dessin du visage du Prophète, 1920
Fusain sur papier, 50 x 65 cm
© Comité national Gibran
Photo Philippe Maillard

Quatrième de couverture
Dans la région des cèdres
Photo Philippe Maillard

Cet ouvrage est composé en caractères Minion et Frutiger
La photogravure est l'œuvre de Snoeck-Ducaju & Zoon à Gand (Belgique)
Achevé d'imprimer en octobre 1998 à Gand (Belgique) sur les presses de l'imprimerie Snoeck-Ducaju & Zoon
Dépôt légal octobre 1998
ISBN 2-84306-0168